JN270296

将来の伸びしろが決まる!

9歳までの男の子の育て方

飯田道郎
伸芽会教育研究所所長

世界文化社

はじめに

男の子はダイヤの原石

私は、幼児教室で、おもに3歳から6歳までのお子さんに日々接しています。

とりわけ、幼稚園・保育園の年長にあたる5～6歳の男の子を対象にしたクラスを長年担当し、小学校入学までに幼児が身につけておきたいしつけや知性、人格形成の基礎固めをすることに主眼を置いた指導をしています。

幼児期の男の子は、まさに原石。異性であるお母さんから見れば、理解できないことだらけでしょう。「何度いってもいうことを聞かない」「食事中、立ち歩いてじっとしていられない」「やらないで！　ということを必ずやる」「出したら出しっぱなし、脱いだら脱ぎっぱなし」「いったんいい出したら聞かない」……。

まじめで一生懸命なお母さんからすれば、「男の子ってどうしてこうなの⁉」とイライラもピークに達し、厳しく叱ってしまったり、カーッとして大声で怒鳴ってしまったり……。理解不能な男の子の行動に戸惑い、手探り状態で育てておられるお母さんからのご相談もたくさん受けます。

男の子のお母さんになったということは、ダイヤモンドの原石を授けられたようなものかもしれませんね。

お母さんの笑顔と工夫が男の子を変える！

でも、大丈夫です。男の子はお母さんのやさしい笑顔とちょっとした言葉がけや態度で、必ず変わります！　なぜなら、男の子は世界で一番お母さんが好きだからです。大好きなお母さんのためなら、がんばれるからです。お母さんからの「がんばったね！」「かっこよかったよ！」というほめ言葉ほど、男の子を勇気づけるものはないのです。

逆に、厳しい態度は逆効果。断言しますが、厳しく叱りつけることでは男の子の問題行動は変わりません。これまでを振り返ってみても、きつく叱って物事が好転したことはあまりないのではありませんか？　たとえその場はいうことを聞いたとしても、怖いママに男の子が心を開くことはないのです。

幼児期に大切なのは、「僕は僕のままで存在していいのだ」という盤石な自己肯定感を徹底して育てること。これに尽きます。

とはいえ、やんちゃなきかん坊に対して「絶対叱らないママになろう」と思うことは現実的ではないでしょう。まずは「これは怒るほどのことかしら」と意識を変えてみることからはじめてみてください。少しでも叱る回数を減らすことを目標にしてみるのです。

本書では、男の子の心に本当に響くお母さんの話し方や態度、言葉がけの工夫についても紹介しています。

鉄は熱いうちに打て！

昨今、幼児教育の重要性に注目が集まり、さまざまな研究が進んでいます。幼児期の教育が、将来の学力や社会性、就労状況までをも左右することが明らかになってきたのです。つまり、子どもが生きていくうえで基礎となる力を高める最も大切な時期が、小学校入学前後の幼児期であることがわかったのです。

小学校入学は、はじめて読み書きを習い、時間割に沿って課題をこなし、友だちと協力しながらさまざまな経験をし、これからの豊かな人生を切り開くための基礎作りをはじめる大きな転換期でもあります。

この新しいステージに立つ時期に、どんな刺激を与え、どんな体験をさせておくかが、子どものその後の伸びを決定づけるといっても過言ではありません。しかも、ご家族と過ごす時間が長いぶん、家庭環境からの影響をダイレクトに受ける時期でもあります。とくに、男の子の5歳半～6歳は、目を見張るような成長を遂げる時期です。この時期を成長のバネとして生かせるかどうかは、家庭での接し方次第なのです。

本書では、小学校入学前後の男の子をメインターゲットに、9歳くらいまでの男の子の伸ばし方をテーマにしています。9歳とはだいたい生後100カ月ごろにあたり、脳が急激に成長する大切な時期。この時期を逃さず、しつけや家庭教育をはじめ、さまざまな働きかけを施すことで、男の子を飛躍的に伸ばすことが期待できるのです。

輝く才能を見つけ出すきっかけ作り

持って生まれた男の子らしさを生かしつつ、一人ひとりが好奇心の赴くままに自由に可能性の翼を広げ、伸びやかに育っていってほしい――そんな思いを込めてこの本を書きました。

ここで、私が所長を務める伸芽会《しんがかい》教育研究所についてお話しさせてください。

伸芽会は、就学前の幼児を対象に、さまざまな体験を通して多彩な刺激を与え、総合的な人間力を伸ばしていく教育を実践しています。幼児の潜在能力に働きかけながら、これから人としての伸びていく素地を作るカリキュラムを研究・開発し、名門と呼ばれる私立・国立の小学校に、毎年たくさんの合格者を出していいます。そもそもは、創立者の大堀秀夫が、「よく遊び、素直にすくすくと伸びてほしい」という思いから開いた私塾を起源としています。

よく誤解されるのですが、現在の小学校入試で重視されるのは、むやみな先取り教育による学力や知識の詰め込みではありません。

小学校入試で求められるのは、「年齢相応の心身の発達がされているかどうか」「基本的な社会性や協調性、コミュニケーション能力が備わっているか」など、これまでの集団活動や家庭教育を通じて育まれた総合的な人間力。つまり、学校生活をスムーズに送るうえで必要不可欠な「生きる力」といえるでしょう。

本書で紹介するメソッドは、まだ未分化な子どもの能力の幅をバランスよく広げる土台作りとしてもおすすめします。

重要な幼児期に、子どもの可能性や才能を見つけ出す情報収集という意味で、将来の選択肢を格段にふやしてくれることでしょう。子どもが目指す方向へすくすくと伸びていけるよう、環境を整える大きなサポートとなるはずです。

子育てに模範解答はありませんし、そもそも思いどおりにはいかないもの。子どもをよく観察し、それぞれのご家庭に合った形にカスタマイズしながら、実践してみてください。

子どもが自立し、持ち得る能力を最大限に発揮させて生きることは、子育ての最終目標ともいえます。本書がそうした豊かで幸せな男の子の育て方の道しるべとなれば幸いです。

2015年　3月吉日

飯田道郎

9歳までの男の子の育て方

もくじ

Lesson 1 男の子のお母さんに伝えたいこと……15

Lesson 2 できる子になる！ 魔法の習慣

Lesson 3

地頭がよくなる！ 家庭学習

Lesson 5

Lesson 6 次代の担い手を育てる～伸芽会の教室から

Lesson 1

男の子のお母さんに伝えたいこと

男の子に多くを求めすぎないで

「はい、みんな、ここに集まって！」――。教室の隅々まで聞こえる声で、集合の合図をかけると、それまでやっていたことをさっと切り上げ、私の周りに集まってくるのは決まって女の子たちです。

男の子はいったい何をやっているのでしょうか。ある子はなぜかクルクル回りながらこちらを目指し、一番乗りしたくて全力疾走してきた子は、私の前で止まることができず反対側の壁に激突。私の声が届かなかったのか、意味がわからなかったのか、じーっとイスに座ったままの子やボーッと鼻をほじっている子も……。

「みんな集まったかな？　じゃあ、このラインを踏まないように、ラインの外側に並んでみよう」と、私が話し終える前に、「えっ？　どのライン？」「どこどこ？ここ？」。

ほかにラインなんかないじゃないか、このラインに決まっているだろう、という場面でも、黙っていられないのが彼らのお約束。そして、経験的にいいますと、男の子がそう口にしたときには、実に9割の確率で、彼らはすでにラインを踏みつけているのです。

「人の話を聞いていない」「親のいうことをまったく聞かない」「何度いっても同じ失敗をくり返す」「少しもじっとしていられない」「落ち着きがない」……。そんな男の子とどう関わっていいのか、途方に暮れるお母さんから、よく相談を受けます。そして、「いつも叱ってばかりでほとほと疲れました」という声も聞かれます。

できのいいお姉ちゃまでもいようものなら、「弟は、お猿にしか見えません」ということに。そうでしょうね、よくわかります。姉弟なのになぜ？　私が産んだのになぜ？

そんな疑問にお答えしましょう。理由は「男の子だから」です。

悩んでもしかたがありません。じっとしていられないのも、人の話を聞けないのも、好きなことしかやらないのも、勝ち負けにこだわるのも、すべて男の子の特徴です。

異性であるお母さんにしてみれば、どうしてそんなことをするのかわけがわからない。だからこそ、イライラするのですが、ここはひとつ、「男の子だからしかたがない」とあきらめてください。

お母さんが戸惑うのは、**男子特有の理解不能な言動に直面し、男の子の育て方に難しさを感じているから**なのです。

あれもこれもできなくて当たり前。だって、男の子なんだもん。そう思えれば腹も立たないのではないでしょうか？

おとなしく場をわきまえる女の子とくらべて、一般的に男の子の育て方は難しいといわれます。大声で叱ったり、怒ったりする回数は、女の子にくらべて格段に多いことでしょう。男の子は体力もありますから、そのパワーにへとへとに疲れてしまうお母さんもいらっしゃるでしょう。

とはいえ、そんなダメダメくんであっても、かわいくてたまらないのがわが息子。そして、男の子というものは、世界で一番お母さんが好きです。

むしろ、**小さいころ、やんちゃできかん坊だった男の子のほうが、将来スケールの大きい人間に成長する**ものではないでしょうか。

どうか、「いうことを聞かせよう」とがんばりすぎないで、まずは「男の子なんだからしょうがない」とどっしりかまえ、気分を切り替え、愛すべき男の子に接してみてください。見えてくるものが必ずあるはずです。

Point

- **男の子は「自由奔放で動き回る生き物」と考えよう**
- **きちんとできないのが当たり前！**
- **わんぱくでＯＫ！　将来大物になるかも⁈**

言葉と態度で愛情を存分に伝えよう

生まれてから小学校に入学する6歳までの幼児期、お母さんと子どもはハグハグ、チュッチュのラブラブ期です。ママに愛されていないと死んじゃう。これが男の子の本質です。**折に触れギュッと抱きしめ、ほっぺにチューをし、「大好きよ」「あなたはママの宝物」と伝えてください。**思う存分、甘えさせてあげましょう。

キッチンで食事の支度をしているとき、リビングの子どもと目が合ったら、にっこりとほほえんでください。朝、子どもを送り出すときは、姿が見えなくなるまで見送ってください。

つまり、言葉と態度で全力で愛情を表現するのです。小学校に入学しても、**9歳までは基本的にベタベタと愛情を伝えることに全力を尽くしてください。**

9歳までを全幅の愛情で満たされた子は、堂々と自分の足で歩きはじめます。安心して親と離れ、自立心を持って力強く進めるようになるのです。そこからは、親は見守りながら愛情を伝え続けていけばいいのです。

子どもは、どんなときに難しいことに挑戦しようとするのでしょうか。もしも失敗したら取り返しがつかないことになるような状況なら、だれも挑戦なんてしないでしょう。難しいことをやってみようとする意欲を持つことはありません。つまり、安心できないところに挑戦はなく、やる気は生まれないのです。子どもは、**自分という存在を丸ごと引き受けてくれる安心できる居場所があってはじめて、新しい未知の場所へと歩き出せる**のです。

「あなたがあなたであることがすばらしい」といわれて育った子は、ちょっとやそっとの失敗を恐れません。「自分ならきっとできる」と考えて挑戦し、失敗しても「次はきっとできる」と思ってあきらめません。**存在を認められた子は、ゆるぎない自信を持つことができる**のです。

その自信を支えるものが「自己肯定感」です。「生まれてきてくれてありがとう」「あなたなら大丈夫」。両親がこんな思いで子育てをし、それがしっかり伝われば、子どもの自己肯定感は自然に高まります。

そして、**この高い自己肯定感が、子どもに自信とやる気を与え、それがあとあと伸びていく力、いい換えれば、子どものその後の人生を回していく力となる**のです。

子育ては20年計画といわれます。

いうまでもなく先に死んでいくのは親であり、一生、一緒にいることはできません。生まれてから3歳くらいまでは、ただかわいくて、愛情いっぱいに育ててこられたことでしょう。健康であることだけに心から感謝していたはずです。その存在だけを愛しく思ってこられたことでしょう。

ところが、「這《は》えば立て、立てば歩めの親心」といいますが、成長するにつれて「もっともっと」と子どもに過大な要求をしてしまってはいないでしょうか。

「もっといい教育を」「より早く」とあせり、駆り立てられてはいないでしょうか。

「わが子はほかのだれでもないかけがえのない存在」であり、やがて別れる日がくるものだからこそ、この約10年間に全力で愛情を注いでいただきたいのです。

親から徹底的に愛情を伝えられた子は、心が安定し、親からしてもらったことを決して忘れないもの。何ものにも代え難い財産となることでしょう。

しつけや教育は、こうした愛情いっぱいの親子関係の上に成り立ちます。

Point

- **笑顔と言葉とスキンシップで愛情を存分に伝えよう**
- **盤石な自己肯定感は一生の武器になる**
- **存在を丸ごと認められることで子どもは安心して挑戦できる**

「できた！」の積み重ねで自信が育つ

日本の子どもの自己評価が、諸外国とくらべて低いという調査結果が報告されました（財団法人日本青少年研究所による調査）。「自分は価値のある人間だと思う」と答えた割合が、アメリカは57・2％、中国42・2％であるのに対し、日本は7・5％と極端に低く、「自分は優秀だとは思わない」と答えた割合が、アメリカ10・8％、中国32・7％であるのに対し、日本は83・2％とひじょうに高い結果が明らかになりました。

なぜ、日本の子どもはこのように極端に自己評価が低いのでしょうか。

これは、**幼児期にしっかりとした自信が育てられなかったことが原因**ではないでしょうか。

家族と過ごす時間の長い幼児期は、家庭での言葉がけに強く影響を受けます。子どもが意欲的に何かを行おうとするきっかけは、親からの期待に応えようとすることがほとんどなのです。つまり、お勉強も習い事も、「大好きなママのため」「ママが喜ぶから」やっているにすぎないのです。

ですから、**「ダメな子ね」「下手ね」「こんなこともできないの？」というネガティブな言葉がけは、絶対にやめましょう。**「自分はダメな子だ」「何をやってもどうせうまくいかない」と思ってしまうと、せっかく芽生えた男の子の『やる気スイッチ』がたちまち引っ込んでしまいます。**男の子の自信を育てるのも失わせるのも、日々の親の言動にかかっている**といっても過言ではありません。ネガティブな言葉がけは、自分で決めたことを最後までやり遂げようとする心にもブレーキをかけてしまいます。

自己評価が低い＝自己肯定感が低いと、自分で考え、意欲的に行動し、積極果敢に人生を切り開いていく力強さを育てることができないのです。

そこで、**幼児期に体験すること＝お絵かき、遊び、運動、学習、習い事などは、くり返し行うことで成功体験を重ねるのだと位置づけましょう。**

つまり、「できなかったこと」＝失敗体験を心に刻むのではなく、「できたこと」＝成功体験を心に刻むということ。以前できなかったことが、できるようになった。昨日うまくいかなかったことが、今日はうまくいった。そうした体験の積み重ねが、男の子の自信となり、あきらめない強い意志へと伸びていくのです。

お絵かきがへたでもいいじゃないですか。そこにはあえて触れず、かいたことをほめ、色使いをほめ、工夫したところをほめてあげましょう。結果なんていいじゃないですか。大切なのはがんばったそのプロセスです。かいた絵をカメラで撮影して記録すれば、あとからどれだけ進歩したかがわかるでしょう。

お母さんが笑顔でほめてくれると、子どもはうれしくなって次々にいろいろなものを作っては見せにくるでしょう。

「僕は絵が得意」「制作ならだれにも負けない」と、得意になってくれたらしめたもの。「ほめすぎていい気になりすぎないかしら」という心配は無用です。むしろ、この時期は天狗になるくらいでちょうどいい。

「僕はできる子」と調子に乗せてしまいましょう。

そして、ときには、「こんなのできないかな？」「次はこうしてみたら？」と、ちょっと背伸びが必要な課題を示してもいいですね。子どもは喜んで挑戦し、夢中になって試行錯誤するでしょう。

成功の快感が次のチャレンジを呼び込み、**遊びの中の小さな成功の積み重ねが、意欲と自信に満ちた子どもを育てるのです。**

Point

- **あらゆる課題は成功体験のため**
- **幼児期は天狗になるくらいでちょうどいい**
- **成功の快感がチャレンジ精神の源**

「待てるお母さん」が男の子を伸ばす！

成功体験が大切といっても、小さな子どもが最初から何かを完璧にこなすことはできません。時間もかかるし、手間もかかります。何度も失敗するでしょうし、途中でイヤになって投げ出してしまうかもしれません。

でも、それが当たり前。3歳なら生後36カ月、5歳ならまだたったの生後60カ月。月齢に換算すれば、未熟さも納得がいくものです。**生まれてから数年たらずの子どもがうまくできないのは、ほとんどが経験不足だから。**やり方を知らないからにすぎません。

子どもはマネをすることでさまざまなことを学習していきますから、まずはお母さんが見本を示し、ポイントをいって聞かせ、しっかり見守りながら同じことをさせてみましょう。やり方のコツを示してあげてもいいでしょう。まず、**型を見せてそのとおりに実践させ、根気強く付き合ってあげてください。**

そして、どうか教える手間を惜しまないでください。途中で投げ出しそうになったら、「ここまではうまくできているよ」「素敵な色を選んだね」と、子どもが工夫したところやいいところを見つけて指摘してみましょう。

決してけなさず、やさしく、がポイントです。また、子どもが自分でやりはじめたら、ストップをかけないでできるだけ自由にやらせてみましょう。創意工夫の機会を奪ってはいけません。

すべてのことに共通しますが、「失敗しないように」「転ばないように」「ケガをしないように」と、先回りをして安全な道を歩かせたくなるのは親心です。でも、転んで痛みを知ることも大切な経験。転んだことのない子よりも、転んだらどうなるか、どんなところで転ぶのかを、経験として知っている子のほうが豊かであることはいうまでもありませんよね。失敗をする前から、失敗しないように世話を焼いてしまうのは、過保護です。過保護な親は、子どもの体験の幅を狭め、男の子のスケールを小さくしてしまいます。

子どもの興味の対象を広げながら、心ゆくまで自由にやらせるように心がけましょう。ここでお母さんに求められることは、必要に応じてサポートする態勢を備えつつ、子どものことをしっかり見守ること。先回りして事前に危険から遠ざけてしまうと、子どもは経験から学ぶことができません。

子どもの気持ちを察してどんとかまえて見守る「間」が持てるかどうか。すぐに結果が出なくても、子どもを信じて待てる余裕があるかどうかが大切です。

さらに、男の子がやる気になって前に進み出したら、お母さんは完璧を求めないこと。片目をつぶって気になることの大半はやり過ごす、くらいの気持ちでいてください。「ちゃんと」「きちんと」を求めてはいけません。

100点満点を目指さないことが、男の子を伸ばすコツなのです。

取りこぼしを減らし、完璧を期すよりも、やりたい気持ちを尊重して、得意なこと、興味のある分野をぐんぐん伸ばしていってあげましょう。

能力というものは不思議なもので、ひとつが伸びるとそれに引っ張られてほかの能力も高まります。ですから、苦手なことや足りないところがあっても心配することはありません。それよりも、せっかく火のついた「やりたい気持ち」を失わせることなく、「やってみたらできちゃった」→「おもしろいから、もっとやりたい」のサイクルを回し続けることに力を注ぎましょう。

Point

- **先回りしないで子どもを信じて待つ余裕を持とう**
- **すぐに結果を求めようとしない**
- **完璧を求めすぎない**

なぜ、9歳までが大切なのか

人間の脳は、生まれてから10年足らずで大人とほぼ同じ重さに達するといわれています。これに対して、たとえば、身長が大人並みになるまでには、20年近くかかりますよね。

つまり、**脳は生まれてからたった10年の間に急速に成長し、形作られてしまう**というわけです。このとき、脳の中では、外からの刺激に応じて、神経回路が集中的に作られたり、盛んに組み替えられたりしています。

学習とは脳への刺激そのものなので、学習することによって、使える脳を構築している時期といい換えることができるでしょう。

脳科学の研究成果によると、視覚、聴覚、言語、運動など能力や脳の機能ごとに、それぞれ獲得に最も適した時期が決まっており（＝臨界期）、**適切な時期に適切な働きかけがなかった場合、あとから刺激を与えても、もはや神経回路がうまくつながらない**のだとか。脳の発達には個人差がありますから、10歳を迎えるより早い段階の「9歳」までに、適切な働きかけをしていきたいものです。

幼い子どもは感受性が鋭く、好奇心に満ち、しかも脳がとても柔軟なので何でもすばやく吸収します。この時期に人格形成の基礎を固め、知性を伸ばす土台を築いておくことが、その後の伸びを飛躍的に高めるのです。

さらに、人生とは学び続けることの連続です。そして、勉強とはだれかからいわれてやるのではなく、自分からやる気にならない限り、何も身につきません。**もっと知りたい、もっと理解したいという知的好奇心を持ち続け、自分で目標を設定し、それに向かって努力できる「自学自習」の姿勢は、ぜひとも9歳までに身につけておきたいもの。**それはお母さんの適切な働きかけで可能となります。それからあとは、自分自身の力でぐんぐん成長していくことができるはずです。

このような幼児期の急激な成長が、将来の伸びにつながるのはいったいなぜでしょうか。それは、神経回路が集中的に形成される時期にさまざまな刺激を与えたことで、脳に回路が張り巡らされたからと考えられます。

つまり、**幼児期の多様な働きかけが脳への適切な刺激となり、脳の性能そのものが高まったといえるのです。**

外遊びで体をバランスよく動かすことも、お友だちと協力して制作することも、お手伝いなどを通して所作や指先の細かい動きを身につけることも、みな欠かせないスキルなのです。

しかも、男の子の場合は、基本的に興味のないことはやりませんから、どんな課題も楽しみながら取り組めるものにする工夫が必要です。定着させるためには、体験と結びつけることも欠かせません。

どんな男の子にも「やるべきことをきちんとこなそう」「決めたことをやり遂げよう」とする『やる気スイッチ』があり、発動させる機会をうかがっています。スイッチが入るタイミングには個人差があり、同じような働きかけをしても、スイッチの入りやすい子がいる一方で、なかなかスイッチが入らず、エンジンがかからない子もいます。

『やる気スイッチ』を入れることはお母さんやお父さんにはできません。スイッチは子どもが自分で入れるしかないのです。でも、ほうっておいたら、子どもはスイッチがあることにすら気づかないでしょう。

人生で最も大切なこの時期に、お母さんの適切な刺激で『やる気スイッチ』が入りやすい環境を整えてあげましょう。

Point
・9歳までは脳を飛躍的に伸ばすビッグチャンス
・工夫次第で男の子はどこまでも伸びていく

5歳の秋は男の子の鍛えどき

9歳までが子どもの成長にとっていかに大切かは前述のとおりです。

そして、とくに**男の子にとって、5歳の秋までにいかにいい刺激を与えるかが、その後の伸びに大きく影響する**と考えられます。

というのは、私が日々接している3歳から6歳までの男の子は、実に5歳半以降、目を見張るような成長を遂げるからです。

スポーツの世界では、だれにでも一生に一度だけ訪れる動作習得に最も有利な10歳から12歳の時期を「ゴールデンエイジ」、神経回路が張り巡らされる小学校低学年の時期を「プレ・ゴールデンエイジ」と呼び、最終的に大きな成長を遂げられるかどうかを決定する大切な時期であるとしています。

私の経験からいうと、**子どもの頭と心の発達の「ゴールデンエイジ」は小学校入学前の5歳半〜6歳です。**

この急激な成長期は、だれにも等しくやってきますが、これを成長のバネとして生かせるかどうかは、周囲の大人、とりわけお母さんの日々の接し方次第。「あと伸び」するかどうかもここで決まってしまうのです。

もちろん、私がお預かりしている大半のお子さんには、年長の秋〜冬に行われる「小学校入試」を目指し、期限つきでの成長が求められています。教室には4〜5月生まれから早生まれまで、1年近い月齢差のある男の子が集まっていますが、「合格」を目標にしているため、どの子にとっても「ゴールデンエイジ」、つまり、5歳の秋以降は合格に向けてのラストスパートの時期と重なります。

そして、驚くべきことに、月齢による差はあっても、多くのお子さんがこの時期にぐんぐんと加速度的に伸び、入試の日までにはきっちりと間に合わせてくるのです。

指導している私には、それまでバラバラだった知識や体験がつながり合い、整理統合されて頭の中に入っていくように見えるのですが、おそらく本人も、そんなイメージで自分の成長を感じているのかもしれません。それは本人にとってもご両親にとっても大きな喜びであることに間違いありません。

幼くて一時もじっとしていられなかった男の子が、めきめき力をつけていく姿は教師冥利に尽きます。そして、何よりも楽しみなのは、**「ゴールデンエイジ」に成長のピークを持ってくることに成功した子は、その後の伸びも大いに期待できる**ということなのです。そこで、5歳の秋のこの絶好の機会に、男の子の『やる気スイッチ』に上手に火をつけてあげましょう。

目標を達成したり、知的好奇心を満たしたりするためにがんばることを、「『やる気スイッチ』を入れる」といいます。「自分はやれる、できる」という内側からの意欲的なエネルギーによって『やる気スイッチ』を作動させるのです。

しかし、あまりにも遠すぎる目標では、『やる気スイッチ』を安定して作動させ続けることはできません。なかなか結果が出ないと、途中でイヤになって投げ出してしまいたくなるでしょう。そんなときは、お母さんのほめ力がサポートとなります。

子どもを日々観察し、「昨日よりもできるようになったこと」「毎日コツコツ続けられていること」に目を向けて、その小さな変化をしっかりほめてあげてください。くり返していくうち、『やる気スイッチ』がバランスよく作動していくようになるはずです。

Point

- **5歳の秋は『やる気スイッチ』を入れる絶好の機会**
- **お母さんのほめ力で『やる気スイッチ』がバランスよく作動する**

厳しく叱らなくても伝わる方法 1

男の子は、まるでお猿さん。スーパーで「これ買って！」と大声でだだをこねたり、やるべきことをやらないでいつまでもテレビを見続けたり……。同年齢のしっかりした女の子にくらべて、どうしてうちの子はこんなに手がかかるのか。中には「息子のためにこんなに一生懸命やっているのに、反抗してばかり」と、悲嘆に暮れるお母さんも見られます。

そもそも、親のいうことに従わないのが男の子。**男の子がだだをこねるのも、お母さんのいうことを聞かないのも、お母さんの気を引きたいから**にほかなりません。多くは、これまでに叱られっぱなしで自信をなくしているお子さんによく見られます。

あるいは、「以前は甘えさせてくれたのに、最近のママ、怒りっぽいんだよな」と、**やさしいお母さんが怖い教育ママゴンに変わってしまったことに戸惑っている**場合もあります。

「厳しくしつけなくては」と、**頭に角の生えた鬼の形相で、子どもを厳しく叱ったり、無理やり勉強させたり、口うるさく注意したりしていると、男の子はどんどん心を閉ざしてしまいます。**

お母さんが怒りはじめたとたん、心のシャッターを下ろしてしまうのです。

また、「こんなこともできないなんて、ダメな子ね！」と心ない言葉を投げつけていないでしょうか。ついつい大声で怒ったりしてはいないでしょうか。

大人の男性もそうですが、男の子はデリケートで傷つきやすい、ガラスのハートの持ち主です。

「いうことを聞かない」「約束したことをやらない」「家の中を走り回る」……といった問題行動が目にあまるとき、きつく怒ったり、厳しく叱ったりしていると、どんどん親子関係が悪化してしまうでしょう。顔では平然としていても、怖いお母さんに男の子はショックを受けているのです。

心からリラックスできる気楽で温かな親子関係は、男の子の発達にとってひじょうに大切です。9歳以降、10歳を過ぎると、男の子はどんどん親から離れていきますが、そんなときも、9歳までにいかに温かい親子関係が作られたかどうかが、その後の心身の成長や社会適応能力などに大きな影響を与えます。

冷え切った関係では、今後子どもが何かに迷い、困難にぶつかったときも、親に助けを求めることができず、一人で抱え込み、苦しんでしまいがちです。親子仲よく、よりよい関係を築いていくことこそが、男の子を自由に伸び伸びと育てる基本といえます。

厳しく叱って、たとえその場ではいうことを聞いたとしても、また何度も同じことをくり返すでしょう。**きつく叱るのは、危険なときや本当にいけないことをし**

たときだけにとどめましょう。怒りにまかせて大声で叱る前に、ファーストステップとして、次のことを頭においてみましょう。

まずはハードルをぐっと下げてみること。（息子のこの行動は）そんなに怒るほどのことかどうか。もしかしたら、大目に見てもいいことではないだろうか？男の子なんだから、これくらいのことはしょうがないかもしれない。

子どもと同じ土俵に乗るのではなく、あきらめてみることで少しずつ心が軽くなってくるはずです。

Point

- **怒ることならだれにでもできる**
- **口うるさく叱るのをやめてみよう**
- **男の子はガラスのハートの持ち主。厳しい態度は逆効果！**

厳しく叱らなくても伝わる方法❷

女の子は「イヤだ」といいながらも、お母さんの顔色を見ます。ワガママをいって許される場合かどうか。そして、お母さんに「やらなくてはならないこと」を説明されて納得できた場合は、イヤなことにでもチャレンジする子が多いのです。

ところが男の子は理屈ではありません。イヤならやらない。お母さんが「やらなくてはダメ」という態度を崩さなければ、メソメソ涙を流したり、ひっくり返って泣き出したり。

さて、お母さんがこのあとどんな態度に出るか。多くは、根負けしてしまうのではないでしょうか。聞き分けのない、理屈の通らない男の子に付き合い、説得することに疲れて力尽きてしまうのです。そして「しょうがないわね」と手を貸してしまうか、怒り心頭で「あなたみたいな子は、もう知りません！」と突き放してしまうか。

泣いて抵抗した男の子はゴネ得です。そうか、お母さんはここで力尽きるのか。男の子のほとんどはこんな体験をしています。だから、男の子はお父さんも知らないお母さんのスイッチを知っているのです。お母さんがあきらめて助けてくれるスイッチを。

お母さんは、ともすれば、子どもに惜しみなく与えることばかりに力を注ぎがちですが、**実は子どもの気持ちや子どもからのメッセージを受け止めることもそれと同じくらいに大切です。**

そこで、**お母さんは子どもの名キャッチャーとなって、どんな球でも受け止めることに力を注いでみてください。**

直球もあれば、変化球もあるでしょう。ボークも暴投もあるでしょう。そんなときも、ただただそのボールを受け止め続けてください。

「いまはやりたくない！」ときたら、「ダメよ、やりなさい！」ではなく、「そう、いまはやりたくないんだね」と子どもの気持ちをそのまま受け止める。この**同意するワンクッションが、子どもの高ぶった心を落ち着かせます。**

男の子はとくに、お母さんに自分を受け止めてもらいたいという気持ちが強いもの。だから、お母さんが家事をしていたり、本を読んでいたりして、自分のほうを見ていないと感じると、「ママ、ママ」とまとわりついたり、あれをしてほしい、これをしてほしいといい出したりして、お母さんの邪魔をするのです。

これらは、「僕のほうを見て」「僕を受け止めて」のサイン。ちゃんと受け止めてもらえていることを確認すると、再び安心して遊びはじめます。

ですから、困った行動をとったときも、「あなたの気持ちはわかったよ」と、しっかり受け止める。それでもだだをこねるときは、ちゃんと受け止め切れていないのかもしれません。

また、**すべてを禁止するのではなく、叶えられる希望を少しだけ叶えてあげると、男の子は落ち着きます。**

そのうえで、やさしくも、きっぱりとした口調で「やらなければいけないことは、わかっているよね」「イヤだからやらずにすませるのはママはよくないと思うよ」と伝えたら、あとはほうっておく。「ダメな子」「大嫌い」などという言葉はNGです。**淡々と気持ちを伝えたら、あとは自分で考えさせましょう。**

こうした方針を続けていくうち、次第に問題行動も治まってくるはずです。

Point
- **まずは子どもの気持ちを全力で受け止める**
- **やさしく同意する言葉で共感する**
- **淡々と、きっぱりと気持ちを伝える**

子どもを伸ばす素敵な言葉がけ

どんな親も、子どもにすくすくとまっすぐ伸びていってもらいたいと願っているものです。そこで、毎日子どもにかける言葉を注意して選んでみましょう。たちまち男の子を伸ばす魔法の言葉に変わります。

「君なら絶対大丈夫。うまくいくと信じているよ」「期待しているよ」。私は折に触れて、こんな言葉を子どもたちにシャワーのように浴びせかけています。

認められた子、期待をかけられた子ほど、そのとおりの成果を出せる——。

これは、教室で子どもたちと接してきた私の実感ですが、教育心理学の世界では「ピグマリオン効果」といわれるよく知られた現象なのです。

米国の教育心理学者ローゼンタールは、小学生に知能テストを行い、成績に関係なくそのなかから無作為に数人を選んで、担任の先生に「この子たちは将来伸びる」とその数人の名前を伝えました。

その後、しばらくしてから再び知能テストを行ったところ、「将来伸びる」と名前をあげられた子たちは、ほかの子よりも明らかに成績がよくなっていたというのです。

成績とは関係なく選ばれた子たちの成績が軒並みあがったのはなぜでしょうか。

これは、**期待を込めて指導されると、指導される側も敏感にそれを感じ取り、期待に応え、成果を出せる**ということを表しているのです。

つまり、人は期待されるとそのとおりの結果を出すということなのです。

「ママは信じているからね」「あなたなら絶対できるはず」。そんな言葉で、子どもの心を期待される喜びでいっぱいに満たしてあげましょう。

そして、「将来、こんな人になってほしい」という願いを込めてつけた名前を呼びかけながら、「〇〇、大好きだよ」と毎日伝えましょう。名づけの由来を話して聞かせてあげてもいいですね。

イライラしてつい心ない言葉をいってしまうこともありますが、言葉を選びながら子どもと接することで、子どもの自主性を育てることに役立ちます。ぜひ意識してみましょう。


たとえば、**叱るときも、子どもの存在そのものを否定するのではなく、間違った行動について「ママは悲しいよ」「残念に思うよ」という言葉を使うようにします。**

そして、危険なことに対して無意識・無防備であった場合は、厳しく教えなければなりません。子どもが傘を振り回しながら歩いていたら、すぐにその場で叱り、「ほかの人にぶつかったり、あなたもケガをしたりすることもあるんだよ。傘を振り回して歩くことは絶対にやめようね」と厳しく明確に伝えます。

周囲の目を気にしながら、何となく「ダメよ」などと小声で怒ってその場をやりすごしたり、帰宅後に「さっきはどうしてあんなことしたの！」と蒸し返してしつこく責めたり……。これでは子どもに教えたいこと、教えるべきことがまったく伝わりません。

厳しく叱られて子どもは泣くかもしれませんが、そのときは「どうしていけないのかがわかったから、これからはもうこんなことはしないよね」と子どもを認める言葉をかけ、抱きしめてあげましょう。

大切なことは、「わが家ではこれはよいことと考える」「これはダメなこと」と明確な価値判断を知らせること。子どもが納得のできる言葉でその理由を知らせましょう。

ブレないしつけで子どもの情緒も安定していきます。

Point

- 「期待しているよ」「大好き」は魔法の言葉
- 危険なことについては理由とともに厳しく明確に教える
- 叱ったあとはやさしいフォローを忘れずに

小学校入学は夢を叶える新しいステージ

子どもの健やかな成長を願う七五三。かつては「七つ前は神のうち」とされ、中でも人として認められる7歳の儀式はとくに大切にされてきました。

7歳前後はちょうど小学校入学の時期にもあたり、成長へのスタートを切る大きな区切りといえます。子どもに主体性を持たせて行動させることで、精神的な成長を働きかけましょう。

「小1プロブレム」が話題になっています。これは、小学校に入学したばかりの子どもが授業中立ち歩いたり、騒いだりして、授業にならない状態に陥ってしまうこと。いま、多くの小学校がこの問題に直面しています。

なぜ、こうしたことが起こるのでしょうか。実は、ある意味無理もないことなのです。一般的には、幼稚園や保育園での活動の主眼は「友だちと楽しく過ごすこと」とされています。ところが、小学生になったらそうはいきません。

子どもたちにしてみれば、小学校に入学するや、突然机の前にじっと座り、先生の話に静かに耳を傾けることが求められるのです。どうしても一つの教室に何人かは、その落差の大きさに適応できない子が出てきてしまいます。その子たちが教室をうろつき、騒ぐ。これが小1プロブレムなのです。

小学校入学は成長の第一関門。そんな大切なスタートをスムーズに切り、小学校生活に適応できるようにするためのトレーニングが、本書でお伝えするメソッドです。**遊びや体験、生活習慣、家庭学習を通して知的好奇心を引き出すことで男の子の学習意欲や自立心を育てます。**

そして、小学校入学前の子どもたちが身につけるべき5つの力として、「見る力」「聞く力」「考える力」「話す力」「行動する力」を大切にしています。家庭で子どもと接するときの指針としやすいので、ぜひ参考にしてみてください。

①見る力

周囲にあるものの中からひとつに焦点を当て、それを自分の目で観察し、「判断する」力。チューリップの花を見て「チューリップだ」とわかる子でも、花が落ちて茎と葉だけになったときにわかるかどうか。生活のなかで、毎日観察する体験を通して、子どもはすべてが同じチューリップであることを理解できるのです。

②聞く力

見る力同様、人間力の基本になる力です。言葉を聞き分けることはもちろんですが、言葉以外の生活の中の音についても敏感であることが必要です。自分が話したいという気持ちが強く、相手の質問を聞いていられない子も少なくありません。聞く力は、人への思いやりにも通じるのです。

③考える力

人からいわれるのではなく、自分で考えて答えが出せるかどうか。また、さまざまな状況に応じて工夫をしたり、想像したりすることも、考える力の大事な要素です。「なぜ」「どうして」という疑問を持つことからはじめましょう。

④話す力

子どもが将来自立して生きていくための基本はコミュニケーション能力。話す力は聞く力とともにこのコミュニケーション能力を支えます。この力を伸ばすためには、先取りをせず、時間がかかっても子どもから話が出てくるのを待つことが大切です。

⑤行動する力

以上の4つを総括するのが行動する力です。必要なときに自分の判断で、思ったり、考えたりしたとおりに動くことができるかどうか。そして、この行動の原動力となるのが、心から夢中になれる何かがあることなのです。興味をかき立てられるようなチャンスを生活の中で作るように心がけましょう。

Check List

〈見る力〉
□ 周囲のことに興味や関心が持てる
□ 絵や図形を比較して違いを見分けられる

〈聞く力〉
□ 絵本のお話を集中して聞ける
□ 指示されたとおりに洋服をたたんだり、おもちゃを片付けたりできる

〈考える力〉
□ わからないとき、「なぜ？」「どうして？」と質問できる
□ 自分なりの工夫をしながら課題やお手伝いがこなせる

〈話す力〉
□ はじめての場所やはじめて会った相手とあいさつができる
□ 自分の思いや体験、喜怒哀楽を言葉にして話せる

〈行動する力〉
□ やると決めたことを最後までやり通せる
□ その年齢なりのＴＰＯに合わせたふるまいができる

Lesson

2

できる子になる!
魔法の習慣

規則正しい生活リズムは一生の財産

早寝早起きや規則正しい生活リズムを幼児期に身につけることは、将来の成長の土台となり、子どもにとってかけがえのない財産になります。**いったん生活リズムが定着すると、やるべきことをわざわざ意識しなくても、スムーズにこなすことができるようになります。**体調管理にも役立つでしょう。毎日、同じ時間に寝て同じ時間に起きるよう習慣づけましょう。朝早く起きて朝日を浴びれば、心や体が目覚め、元気に1日をスタートできます。

小学生になると、それまでよりも始業時間が早まりますから、できるだけ早い時期に「早起き早寝」の習慣を身につけておきたいですね。

起床時間を早くするには、早く寝かせることですが、早起きすれば自然と早く眠くなるもの。**まずは、早く起きることを目指しましょう。**

私がおすすめしているのは、朝5～6時起床。そして、親子で一緒に早朝ウォーキングをすれば、全身がスッキリ目覚めて気持ちよく1日のスタートが切れるはずです。また、朝の学習をしながら親子のスキンシップを深めるのもいいですね。朝から頭を働かせるよい習慣が身につくでしょう。**朝の時間をいかに余裕を持って過ごせるかは、その日1日充実して過ごせるかどうかを左右します。**

そして、**人に起こされるのではなく、自分から目を覚ませるようになるといいですね。**その一つの方法としては、年中から年長くらいには時計が読めるようになりますから、誕生日に目覚まし時計をプレゼントするのもいいかもしれません。

起きる時間を自分でセットすることで、1日を自分ではじめる心がまえの手助けともなるでしょう。

たっぷり睡眠が賢い脳を作る

じょうぶで健全な体の土台があってこそ、学力は大きく伸びていきます。健全な体作りには、バランスのよい食事と良質の睡眠が欠かせません。

毎日多くのお友だちと関わりあって集団生活をしていると、元気そうに見えても子どもは意外と緊張して疲れています。疲労回復のためにも、じゅうぶんな睡眠をとらせましょう。

幼児期なら9～10時間はとりたいもの。睡眠不足だとぐずったり、ボーッとしたりして、朝の好スタートが切れません。ふだんから子どもの寝起きや体調をよく観察し、その子にとって最適の睡眠時間を知っておくといいでしょう。

たっぷりの睡眠は子どもの脳と体、心への最高の栄養となります。睡眠中は、**子どもの成長に欠かせない成長ホルモンが分泌されますし、良質な睡眠はストレスを軽減する効果がある**ともいわれています。

また、睡眠は単なる休息ではなく、日中取り入れたさまざまな情報を整理し、記憶を定着させたりする効果があるとも考えられています。

昼間学んだことが、睡眠中に脳内で整理され、必要な記憶を定着させる働きがあるといいますから、賢い脳のためにはじゅうぶんな睡眠が欠かせないのです。

私が接している男の子たちも、**意欲的で優秀な子ほど日中は思う存分活動し、夜は早々に眠りにつく子が多い**ようです。

昼間の学習や運動、さまざまな体験が睡眠によって血となり肉となると考えると、良質な睡眠がいかに大切かがおわかりいただけるでしょう。

動物のような強い肉体に宿るもの

福澤諭吉の自伝『福翁自伝』では、**子育てにおいて最も大切なことは健康**だとしています。「まず獣身を成して後に人心を養う」という大変有名な一節では、「動物のような強い体を作り、それから人間の心を養うのだ」とし、運動や遠足などで子どものころから体を鍛えることを奨励しています。

いわば、**子どもの教育において最も重要なのは、睡眠や食事、立ち居ふるまい、運動、健康な体作りであり、それらの基盤ができてはじめて、知性や精神的な発達を促すことができる**としています。さまざまな困難を乗り越え、自立して生きていくためには、自ら能動的に行動することが不可欠であり、それを可能にする条件が、じょうぶな体であるという強い信念がうかがえます。

なぜ、幼児にとって体を鍛えることが大切なのでしょうか。

子ども時代、とくに男の子は、運動ができるとそれだけで目立ち、ヒーローになれます。**子どもたちの世界で一目置かれるという経験は、大きな自信となり、そのほかのことにも自分から取り組んでいこうとする姿勢が育まれます。**

そして、強い肉体にはちょっとやそっとではへこたれない強い心が宿るものであり、その基本姿勢はすべてのことに派生していくものなのです。

体を鍛えることは、つらくても最後までやり抜く力や困難に打ち克つエネルギーを生み出すことにもつながるといえるのです。

野山を走り回っていた時代なら鍛錬することは自然にできましたが、遊びが限定されている現代では、意識して行わないとなかなか自然には身につかないでしょう。毎日30分歩いたり、簡単な体操やなわとび、水泳などで定期的に体を動かしたりするなど、意識して体を鍛えるようにしましょう。

ひ弱な体に強靭な精神は宿らないものなのです。

こんなにある！お手伝いの効用

子どもに何か一つでいいですから、お手伝いをさせてください。お手伝いには、幼児期の男の子を伸ばす要素がたくさん詰まっています。

お手伝いをさせることで、家族の一員として役割を果たすことへの責任感が芽生えます。

それまで庇護される一方だった子どもが、「お母さんたいへんそう」「何か手伝えることはないかな」と気づかい、手伝うことで、人の役に立つことの喜びを知るきっかけにもなります。

お手伝いの内容は、毎朝新聞を取りに行く、テーブルをふく、洗濯物をたたむ、食器ふきをする……など、**毎日確実に行う必要があり、子どもがやりがいを感じや**

すいものがいいでしょう。

最初はうっかり忘れたり、面倒くさがったりするかもしれませんが、毎日続けるよう声をかけ、後押ししてください。そのうち自分の仕事として自覚を持ってやるようになれば、大きな成長です。最初はうまくできなくて、かえってお母さんの手間をふやしてしまうかもしれませんが、「ありがとう」「助かったよ」と必ずねぎらいの言葉をかけてあげましょう。

また、お手伝いを続けているうちに、「こうしたほうがもっとうまくできる」「このほうがキレイにできる」など、工夫しながら物事を処理するように変化していくでしょう。**子どもが自分で考え、実際に応用しようとすることは、すべての知力を発達させるきっかけともなります。**

さらに、幼児期からこうした家事を経験しておくことは、将来的な家事能力を高めることにも役立ちます。掃除や洗濯、炊事にいたるまで、万事難なくこなせる家事能力の高い大人に育っていくはずです。

「がまん」と「けじめ」を根気よく伝える

人は易きに流れるのが常。勉強や、やるべきことをいわれなくてもやる習慣は、「やりなさい」というだけでは身につきません。まず、**けじめをつけることやがまんすることの大切さを、ふだんの生活の中できちんと教えておきましょう。**

「夜は9時に寝る」「テレビは1日1時間まで」「食事の前にお菓子は食べない」といった基本的な家庭のルールは、何が何でも守らせるようにしてください。**基本的なルールを理屈抜きで教えられるのは、9歳まで。**10歳を過ぎると理由がなければなかなか守ろうとしなくなるものです。

絶対にゆずれない方針は、「これはルールだから守ってね」と毅然とした態度で伝えましょう。理屈ではなく「ダメなものはダメ」でいいのです。

　また、基本的な礼儀や、やっていいことと悪いことの区別もくり返しきちんと教えます。

「知っている人に出会ったらあいさつをする」「電車の中など、公共の場では静かにする」「人の話は最後まで聞く」といった最低限のマナーの大切さを根気強く伝えます。

　高い所から飛び降りようとして、「ケガをするからやめなさい」と止められると、子どもは「そうか、こういうことをするのはいけないことなんだな」と、お母さんの反応を見て学びます。

自分の行動が、どんなときは認められ、どんなときは認められないのかを、実際の生活から学んでいくのです。

　自由にやれるときと、そうでないときがあることをしっかりわからせること。それを日常的に教えてあげることが、しつけの第一歩なのです。

人の話がきちんと聞ける子の秘密

自分の意見をいうことは、人の話や意見を聞くこととセットになってはじめて意味があります。人の話を聞かず、自己主張ばかりする場合、自分の話をきちんと聞いてもらえていない不満の裏返しかもしれません。

一見、「話す」ことと「聞く」ことは反対に見えますが、人の話を聞くことができるようになるには、まず「話す」経験が必要なのです。

「自分の話は必ずきちんと聞いてもらえる」という安心感を与えてさえあげれば、ほかの人が話しているときに、その人の話をきちんと聞くことができるようになるでしょう。

つまり、「話したい」という意欲が受け入れられてはじめて、人の話が聞ける姿勢が育つのです。

ですから、子どもの話は腰を折らずに落ち着いて聞いてあげましょう。お母さんが落ち着いて聞いてくれると、子どもも一生懸命話しますし、お母さんがどう答えてくれるだろうという興味もあって、真剣に聞く習慣ができてくるのです。

人の話がきちんと聞けることは、いろいろなことをどんどん吸収して自分の引き出しをふやすことにつながります。

人の話を聞くことで、話す力も鍛えられていくのです。

ときどき、「今日はどうだった?」と聞いても、面倒くさがって話をしたがらない子もいます。そんなときは、「お母さん今日ね、お買い物に行ったらこんなことがあってね」と、お母さんのほうからその日の報告をしてあげることで、子どもの話を引き出しましょう。お母さんの話を楽しく聞いているうちに、自分の話もしてみたくなってくるでしょう。

本当に伝えたいことはささやき声で

注意力が散漫で、話が聞けない場合もあります。そんなときに大声を出しても、かえって耳には入らないものです。

逆に、声を小さくしてみると、「何をいっているのかな」と耳を傾けてきます。私は、教室では大事なことを伝えるときは、小さめの声で「一回しかいわないよ」といって集中させることからはじめます。

家庭でも「あのね」と注意を喚起し、ささやき声で話しかけてみるといいでしょう。大人は言葉で聞いたことをそのまま整理できますが、子どもはそうではありません。

そんなとき、頭の中でイメージしながら話を聞く習慣をつけるといいでしょう。

たとえば、**絵本の読み聞かせや少し長いお話を聞かせるとき、「聞いたことを頭の中でテレビに映してごらん」と語りかけながら行います。**

ビジュアルでお話の内容をイメージさせるようにすると、理解力が深まり、記憶にも残りやすくなります。

ところで、テレビや遊びに夢中になっている男の子に、離れたところから大声で呼びかけても、まったく反応がないことがありませんか。それは「聞いていない」のではなく、聞こえていないのです。

何かを伝えようと思ったら、そばまで行って子どもと同じ目線の高さに下りて、きちんと目を見て伝えましょう。

そして、ふだんから子どもの様子から目を離さず、話すきっかけをとらえてたくさんの会話をするよう心がけましょう。

親子の会話
表現力を豊かにする

子どもと会話をするとき、何かを聞いてひと言で返事ができるような問いかけをしていませんか。「はい（うん）」「いいえ（ううん）」だけで終わらせるのではなく、**なるべく言葉や文章で答えが返ってくるような問いかけをするようにしましょう。**

ほんのちょっとしたことでも、**子どもがどうしたいか、それはなぜなのかをさりげなく会話の中に取り入れることで、子どもの言葉の力を鍛えていくことができます。**食べたいものを聞くときも、理由を合わせて聞いてみましょう。

「リンゴと梨、どっちが食べたい？」「梨」「どうして？」「梨のほうがシャリシャリしておいしいから」などと答えが返ってくるでしょう。答えの内容よりも、このやりとりを通して論理的に考える基本を学ぶことができます。

また、「つるつる」「ごつごつ」「ふわふわ」「すべすべ」「ちくちく」「べとべと」「さらさら」「ざらざら」「きらきら」「ぎらぎら」など、**様子を表す言葉をふだんの会話の中で意識的に使うようにしてみましょう。**

たとえば、ふとんやタオルに顔を当てて「ふわふわだね」、子どもの髪の毛をなでながら「さらさらだね」などと話しかけてみます。具体物があると子どもも実感しやすくなり、表現の幅も広がります。

語彙をふやすという意味で、しりとり遊びもいいですね。慣れてきたらあたまとり（逆しりとり）遊びでさらに興味の幅を広げていきましょう。あたまとりとは、言葉の最初の一文字をとってその文字が最後にくる言葉を続けること。ゴリラ→リンゴ→のり→きもの……とつなげていく遊びです。

ぜひやってみてください。

「負けたくない気持ち」をコントロールするには

みんなでトランプやゲームをやっていて、自分が負けるとたんに不機嫌になる男の子もよく見られます。目にいっぱい涙をためて「僕、一番になれなかった」とすねたり、「やったことないんだからできるわけないじゃないか!」とキレたり……。

一生懸命でまじめな子によく見られる負けず嫌いの側面です。

何にでも熱心に取りかかるぶん、新しく教わる遊びがうまくできなかったり、お友だちと一緒に行うゲームなどですんなり勝つことができなかったりすると、くやしさのあまりすぐに泣き出してしまうことが多くなります。

また、はじめての問題にあせったり、投げ出してしまったりということも見られます。これらは、負けん気の強さと裏腹に、「負けたらダメなんじゃないか」

というまじめな性格ゆえの自信のなさの表れかもしれません。

その場その場の勝敗で一喜一憂しない「強い気持ち」を育てるには、いつも子どもが勝つ状態にならないよう心がけること。トランプなどで親が負けてやることだけをしていると、いつも王様扱いでないと満足しない気分屋になってしまいます。「最初からうまくできる人はいないんだよ」「ママも最初はできなかったよ」「あの場面でこう工夫したらよかったね」などと声をかけ、上手な人や強い人から素直に学ぶ姿勢の大切さを伝えましょう。負けることや失敗することを恐れず、むしろ体験することの楽しさに目を向けるよう促すのです。

できる人を素直に認め、できなくてもくじけずに何度かトライしていくうちに、必ずどこかでピンとくるきっかけに出会うもの。解決への糸口にたどり着くのです。この発見への喜びを経験することで、次第に自分本位の行動が治まり、協調性を身につけていくことができるでしょう。

男の子の自立心を育てる「はじめてのおつかい」

お母さんと一緒にスーパーでお買い物をすることは、子どもにとってとても貴重な体験です。「今晩は何が食べたい？」と子どもとお夕飯のメニューを相談したら、連れ立ってお買い物に出かけましょう。

スーパーでは、「○○はどこかな？」「△△は向こうかしら」と話しかけながら、商品がどんなふうに陳列されているかに目を向けさせます。

旬の野菜や果物を実際に手にとって、「もう春だから菜の花が並んでいるね」「新じゃがが出ているよ」「この野菜はレタスかな？　キャベツかな？」と声をかけながら商品を見て回ることは、子どもの好奇心を刺激するでしょう。レジで支払いするときの店員さんとのやりとりも、ふだんから見せておきます。

そのうち、子どもにおつかいを頼んでもいいでしょう。いきなり一人でお買い物に出すのではなく、目の届く範囲でも実践できます。「ママはお肉売り場でお肉を選んでいるから、あなたは野菜売り場で3本入りのキュウリを2パック持って来てくれる？」などと頼み、目的のものを探し出してきてもらいます。最初は一つから、次第に細かい指示を出すようにしてもいいでしょう。

さらに、商店街やデパートの地下食品売り場などで、お店や売り場ごとにおつかいを頼むのもおすすめです。

「お総菜屋さんで〇〇を×個買ったあと、3軒となりのフルーツショップで△△を★個買ってきてくれる？」と頼んでもいいでしょう。もちろん、事前に下調べをして金額を確かめ、相当のお金を落とさないよう持たせることも忘れてはいけません。見つからないように様子を見守ることも大切です。

この小さな大冒険から、子どもが達成感を得て、一人でもっと遠くへ行きたい、と思ってくれたら大成功といえるでしょう。

あいさつと身だしなみのしつけ方

礼儀の基本は気持ちのよいあいさつですが、男の子の場合、はずかしさや警戒心などから、その気はあるのになかなかできない子もいます。そんなときは、「あいさつしなさい！」「どうしてあいさつしないの？」と責めるのではなく、お母さんがお手本を見せてあげましょう。

たとえば、顔見知りの近所の人に出会ったときは、お母さんがにこやかにあいさつをする姿を見せましょう。それを見て**「声をかけることは怖いことではない」「この人にはあいさつしてもいいんだな」と気づけば、たとえ最初は声が小さくても、お母さんのあとについて「こんにちは」と物怖じしないであいさつができるようになってくる**でしょう。

あいさつができたら、「その調子！」と勇気づけましょう。

また、少しずつ身の周りのことをきちんと整えられるようしつけていきましょう。そのためには、子どもにハンカチとティッシュペーパーを持たせる習慣をつけることが効果的です。外出時に携帯させ、必要なときに適切に扱えるよう練習しておくといいでしょう。

トイレで手を洗ったら、さっとハンカチを取り出して手をふき、きちんとポケットに折りたたんでしまえること。この一連の作業は、**自分のことは自分でするよう促すきっかけとなり、自立に向けての大きなステップとなります。**

朝は自分で身支度ができるよう練習しましょう。脱いで裏返しになった洋服は元に戻し、きちんとたたみます。ボタンをはめたりはずしたりする練習をしておくといいでしょう。帰宅したら、脱いだ靴はそろえておきましょう。

清潔で好感の持てる身だしなみの大切さは、あらゆるコミュニケーションの基本となります。とくに意識しなくても、習慣にしてしまうことで無理なく身につきます。

習い事は続けることに意味がある

塾や英語、習字、そろばん、ピアノ、ヴァイオリン、スイミングなど、さまざまな習い事は子どもの可能性を高める貴重な体験ですから、興味をひいたものを選んで続けるといいでしょう。

ある程度のレベルまで到達するには、コツコツと地道に続けることが欠かせません。また、自宅でも練習するなど粘り強い根気と努力が必要です。達成するために守らなければならないルールを学ぶ機会にもなるでしょう。**習い事は長く続けることがポイントです。**

ほかの子とくらべるのではなく、**「以前よりもできるようになった」「最後までやり遂げることができた」というプロセスを評価し、成功体験を積むトレーニングと**

とらえましょう。

子どもが習い事を「やめたい」「休みたい」といい出したら、まずはいったんその気持ちを受け止めてあげましょう。体調不良でなければ、面倒くさい、眠い、気が乗らない、といった程度の場合が多いものですから、「そうか、行きたくないんだね」といって抱きしめ、気分を落ち着かせて様子を見ましょう。冷たいお茶を飲んだりして、気分転換するのもいいでしょう。

行ってしまえば楽しく活動できるなら、「がんばって行ってみようか」とやさしく伝え、きっぱりとした態度で背中を押してあげることも必要です。

本当に嫌がる場合は、ほかに何らかの原因が背景にあるかもしれません。子どもをよく観察してその背景を探り、どうしても嫌がるならしばらく休んで様子を見るなどの方法も考えられるでしょう。子どもの気分の波に付き合いながら、上手にサポートしてあげることが大切です。

本物に触れる体験をふんだんに

新しいアイデアを思いついたりする創造力は、豊富な体験がカギ。**試行錯誤する中で何かに気づき、工夫する意欲が生まれます**。美術館で本物の絵画を見たり、博物館や動物園、水族館に出かけたり、自然体験をしたりして、できるだけ本物に触れる機会を作るようにしましょう。

伸芽会が実施している野外スクールでは、陶芸をやったり、牧場でしぼりたての牛乳からバターを作ったり、あるいはいちご狩りに行って餅つきをし、いちご大福を作ったりと、さまざまな体験をする機会を設けています。

また、取り立てて特別なことをしなくても、日々の暮らしの中でも新しいことを発見できます。たとえば、暑い夏の日、散歩中にヒマワリを見つけると、「僕の背よりもうんと高いな」と気づき、夏の終わりには「だんだん枯れてきたけれど、たくさん種ができたよ。来年もまたきっと咲くぞ」と思いをめぐらせることができます。

水族館で大きなジンベイザメに出会った子は、きっとその絵をかきたくなるでしょう。「どうすれば迫力が出るかな」「どんな色だったかな」と、アイデアがどんどん広がってくるはずです。

本物に出会うことは、子どもの創造力を駆り立てますから、どんどん出かけていろいろな体験に触れさせましょう。

そして、そうした体験を具体的に語れるようにすることが大切です。さまざまな体験を通じて本人が興味を持つことを見つけ、それをできるだけ後押ししてあげたいものですね。好きなことが一つ見つかると、ほかのことにも集中して取り組めるようになってくるものです。

子どもの個性の伸ばし方

集団生活では、みんなと一緒に行動することを学びます。ほかの人と調和しながらも強い個性を発揮するには、人と違うことを恐れないことが大切です。**人と違う自分独自の考えを持ったときに、それを間違いだと思わずに、「僕はこう思う」としっかり主張できる強さを育てましょう。**

そうした面を伸ばしていくことで、自分から好きなものをつかみ取っていく意欲が育ちます。お母さんの上手なサポートで、輝く個性を見つけ出すことができるのです。個性を育てるには、次の3つのことが大切です。

①子どもの「これ、おもしろい！」「すごく楽しそう！」「なんだか不思議な感じがする」という感覚を刺激する場面を毎日の中に取り入れましょう。

②次に、感じたことや思ったことをどんどん口に出す習慣をつけさせましょう。たとえおもしろいと思ったとしても、それをだれかに伝えなければ、個性として育ちません。

③遊びの中で子どもの好きなことを見つけること。そこに未来へつながるエネルギーが隠されています。

たとえば、粘土で動物を作るときも、子どもの思いを具体化するイメージを引き出し、ポイントとなるアドバイスをするのです。

ゾウやライオンなど、人気の動物ではなく、マントヒヒやカピバラなど、ちょっとマニアックな動物を作りたがるかもしれません。そんなときも、決してあれこれ口うるさく指導したり、誘導したりするのではなく、子どもの作りたいものを実現しやすいように協力していくのです。

そうすることで、「ああ、みんなと違うものができた」「自分が作りたいものができた」という満足感とともに、**その子のオリジナルな感性が目に見えるものになる**のです。

夏休みの上手な過ごし方

夏は、男の子をたくましく変える大きなチャンス。長い夏休みはふだんできない体験にチャレンジしてみましょう。幼かった顔がぐっと引き締まり、自主性を持って意欲的に行動できるようになります。

伸芽会では、毎年、年長児を対象にした2泊3日のサマー合宿を行っています。親元から離れて集団で生活することは、大半の子どもたちにとって初体験。自然の中で集団生活の約束事を守りながら過ごす日々からの学びは大きく、「一人でもできた」ことから得られる自信は、子どもたちにとって何ものにも代え難い宝物になります。

田舎のおばあちゃんの家に子どもだけで泊まらせたりするなど、**5歳になったら親元を離れて泊まりがけで過ごす経験をぜひさせてあげましょう。**

また、夏休みの家族旅行のプランニングをある程度まで子どもにまかせてみるのもいいでしょう。旅行先を親子で相談しながら決めたら、旅行先のパンフレットを集めて情報を検討します。

参加メンバーが楽しめるアクティビティや観光スポットを探しながら、1日目はどこへ行く、2日目はどこで食事をするなど、細かい旅行日程を決めていくのです。

そして、このプランに合わせて家族旅行へ出発。**一家の旅行を主導し、名コーディネーターとして実現させた経験も、貴重な体験となるでしょう。**

長い夏休みは、1週間単位で目標を設定し、リズミカルに過ごせるよう工夫することも大切です。目標があれば達成感も得やすく、夏休み前より成長した自分を本人が感じられるはず。これが夏休み明け以降のやる気につながるのです。

季節の行事に親しもう

子どもは自然が大好き。自然に触れることで生き生きとエネルギッシュに活動できます。春はお花見、夏は海や山、冬は雪遊びと、ふだんから自然に触れる機会を持ちましょう。また、**季節の植物や生き物、年中行事の知識を深め、生活に取り入れると、好奇心の幅が格段に広がります。**

お正月には、おせち料理作りの手伝いをさせながら、お重の中の料理の意味を一つずつ教えてもいいですね。

子どもの日には五月人形を飾り、ちまきや柏餅を食べ、菖蒲湯につかりましょう。そして、子どもの健やかな成長を祈る親の思いが連綿と受け継がれていることを合わせて伝えましょう。

親子のコミュニケーションを深めるだけでなく、**生活の中にある物事の一つひ**

とつに意味があることを気づかせるきっかけともなります。

幼児は経験が浅く、時間の流れや季節の移り変わりについて、実感を伴って理解させることは難しいものです。

ところが、季節の年中行事とともに伝えると、イメージしやすいのか、たちまち理解してしまうでしょう。**「なぜだろう」と好奇心を持ち、奥深い意味を知ると、物事の印象ががらりと変わる、その経験をしておくことが大切なのです。**

さらに、季節の草花の名前を覚えて春夏秋冬の移ろいを実感することも、心豊かな毎日を送る手助けとなります。

キンモクセイの香りに秋を感じたり、道ばたのカンツバキを見て冬の寒さを実感したり、食卓のタケノコから春のおとずれに気づいたり。具体物からよりいっそう鮮明に印象づけられることでしょう。

こうした豊かな体験が、子どものさまざまな能力に影響を与えないはずはありません。

テレビやマンガからも学べることがある

いつの時代も戦隊ヒーローは男の子の憧れ。「大きくなったら何になりたい？」と問われ、戦隊ヒーローの名前を答えたり、決めポーズを披露したり。戦隊ものは、男の子をとりこにする魅力の宝庫なのです。

仲間と力を合わせて敵と戦い、地球を守る。強くなりたい男の子にとっては理想のスタイルなのでしょう。かっこいい決めポーズにも心が震えるようです。

テレビやマンガも、やみくもに禁止するのではなく、上手に利用して男の子がヒーローに憧れる気持ちを伸ばしてあげましょう。

ヒーローになりたい気持ちを苦手なこととの克服に向かわせることもできます。

たとえば、運動面が少々苦手な男の子には、「ちょっと、ケンケンやってみて」といいます。ケンケンは、コツが習得できていないと数回でバランスを崩し、両足をついてしまうもの。そこですかさず「ケンケン3回で地球が守れるかな」と首を傾げてみせます。

こういわれた子は、たいていそれまでにないほどのやる気を見せ、必死で練習をして翌週までにケンケンをマスターし、得意満面で見せに来てくれます。ポイントは、ケンケンなど練習すればだれでも上達できる課題を与えること。マスターしてきたらしっかりほめて、「地球は君にまかせたよ」と力強く声をかけます。

また、テレビやマンガには、悪役やいじめっ子が登場しますから、「世の中いい人ばかりではない」「怖いこともある」というネガティブな側面に目を向けることができます。**危険を事前に察知して、本能的に身を守る大切さを学ぶこともできるでしょう。**

テレビは時間を決め、プログラムを選んで上手に利用するようにしましょう。

時間のないお父さんは「選択と集中」で

男性は仕事、女性は家庭という価値観がここ20年で大きく変わり、父親は背中を見せているだけではすまない時代になってきました。

男の子はお父さんに憧れ、お父さんのマネをしながら成長していきますから、お父さんも積極的に子育てに関わりたいもの。お母さんだけでは細かいしつけに偏りがちですが、**お父さんの視点を取り入れることで、男の子を伸び伸びと感性豊かに育てることができるのです。**

元・男の子であるお父さんは、男の子の特性をよく知っています。男の子の行動に少々のことでは目くじらを立てることはありませんから、子どもはお父さんと遊ぶのが大好きなのです。

肩車や相撲、キャッチボールなど、体を使った遊びをはじめ、虫取りや工作など、スキンシップしながら五感をフルに使って遊ぶ楽しさを教えてあげましょう。砂場でダイナミックに幅とびをして見せてもいいですね。

こうした遊びを通じて、**「お父さんはすごい」「お父さんにはかなわない」という尊敬の気持ちも生まれてくる**でしょう。ルールを守る大切さや、最後までやり通す厳しさをも学んでいきます。

たとえ平日は触れ合う時間がとれなくても、たまの休日にこのようなコミュニケーションがしっかりとれていれば、大丈夫。ふだんから夫婦仲よく協力し、情報交換を密にし、子どもの様子や目標としていることをきちんと共有しておくことも肝心です。**夫婦円満は子どもの心の安定の大前提です。**

これからどう伸びていくかわからないおもしろさがあるのが、男の子。父親としてメリハリのある関わり方をすることで自立心豊かな子どもに育ちます。

ときには弱さを見せて守ってもらおう

男の子を育てていると、いつもはお母さんに守られている甘えん坊の男の子が、いざというときにサッと手助けしてくれることがあるはずです。荷物が重くて困っていると、かけ寄って来て手伝ってくれたり、手が離せないとき、弟や妹をお世話してくれたり。

男の子がここ一番でお母さんを守るナイトに変身する瞬間に出会えるのは、男の子を育てる醍醐味の一つです。とかくお母さんは、主導権を握って子どもに指図し、あれこれと口を出してしまいがちですが、そればかりでは子どもの自主性を育てることができません。

ときにはがんばることを休んで、家庭の中のプリンセスを演じてみましょう。

何かをするときにも、「ママはよくわからないから、やり方を教えて」「これはどうやるのかな？」と、子どもに説明してもらうのです。きっと、得意になって教えてくれるでしょう。

また、出かけるときも、方向オンチのふりをして、「あれ？ 迷っちゃったみたい」「交番はどこかしら」と、男の子に全権をまかせてしまいましょう。お母さんから頼りにされる心地よさを実感するうち、「自分がしっかりしなきゃいけない」という自覚が生まれるのです。

そして、お父さんを巻き込んで、お母さんのいないところで子どもにこんなセリフをささやいてもらいましょう。

「このごろずいぶんしっかりしてきてお兄ちゃんらしくなったね。いままではお母さんに守られてきたけれど、これからは君がお母さんを守る番なんじゃないかな。お母さんだって女の子なんだから、強そうに見えても本当は弱いところもあるんだよ。これからはお父さんと一緒にお母さんを守ろう」。

自信とプライドをくすぐる言葉が、男の子の心に強く響くのです。

働くお母さんにおすすめの「朝活」

ワーキングマザーの悩みの種は、子どもと関わる時間の絶対的な少なさ。そんな悩みは朝の時間を有効活用することで解消できます。**朝、短時間でもいいですから、子どもとの時間を持つようにしましょう。**

ある共働きのお母さんのタイムスケジュールを紹介しましょう。

朝は5時前に起き、子どもが起きるまでの静かな時間に家事や仕事の雑務をこなしておきます。夕食の下ごしらえなどもここで終わらせておけば、帰宅後の時間を有効に使うことができます。

子どもが起きて朝食を食べさせたら、出かけるまでの30分間を絵本の読み聞かせや勉強にあて、大切な親子の時間を確保します。帰宅の遅いお父さんとも、食卓を一緒に囲むことでコミュニケーションをとることができます。

子どもを送り出したら出勤です。存分に仕事に取り組めますから、仕事を自宅に持ち帰ることも少なくなったということです。

そして、夕方6時に子どもを迎えに行き、夕食や入浴をすませたら、トランプなどをして親子でリラックスして過ごします。子どもを寝かしつけたら9時半〜10時に就寝。これが平均的な1日の流れです。

朝の時間を有意義に使えば、生活にメリハリがつき、ストレスをためることなく仕事と育児を両立させることができるでしょう。ぜひ参考にしてみてください。

要は量より質。いかに密度濃く子どもとの時間を過ごすかがポイントです。

Lesson

3

地頭がよくなる！家庭学習

この方法で自分から勉強する子になる！

机に向かうことを日常に溶け込ませる

優秀な子は、お母さんから「勉強しなさい！」と口うるさくいわれた記憶がないといいます。

もちろん、教育熱心なお母さんが子どもの勉強に無関心であるはずがありません。**秘密は、勉強を特別なこととせず、さりげなく生活の一部に溶け込ませたこと。子どもが自然と勉強に取り組めるようなしくみ作りをしていたのです。**

子どもに読書や学習の習慣をつけたかったら、ふだんから勉強している親自身の姿を見せることです。

子どもは親を見て育ちますから、日常的に読書をしたり、新聞を読んだりしているお母さんを見ているうちに、子どもも知らず知らずのうちに、新しく知識を得る楽しみや喜びを知るようになります。

ふだんから、「勉強することは楽しいことだ」「大人になっても一生勉強は必要なのだ」という家庭の雰囲気作りをしていきましょう。

隣で一緒に勉強する

読書やお絵かき、学習教材など、家庭学習はお母さんと一緒に同じテーブルでやるのがおすすめです。

そして、**向かい合うのではなく、横並びでやりましょう。**お母さんの表情がダイレクトに見えないので子どもが集中しますし、そばにいる安心感で落ち着いて課題に取り組むことができます。

また、一緒にやることで、きちんと理解しているかどうかをチェックすることもできます。

さらに、勉強だけでなく、たとえ短時間でも、ふだんからこうした親子の時間をとることは、親の行動基盤や基本的な考えを伝えるよいきっかけとなります。

「お母さんはこう思うよ」「それはよくないと思うよ」「よそのおうちはわからないけど、うちではそれはダメというお約束よ」とふだんから話し合うことで、親の思いが子どもの心に自然に届きます。

花マルではじまり花マルで終わる

子どものころに習ったことを、時空を超えてわが子とともに学び直すことは、子育ての醍醐味でもありますし、新たな発見もあるでしょう。

問題集などをやるときは、まず例題としてお母さんが一緒にやり、やり方を説明してあげましょう。

そして、簡単な問題からやらせてみるのです。できたら大きな花マルをつけてあげて、やり遂げたことをほめてあげましょう。

「やってみたらできちゃった」「思ったより難しくなかった」と気づいたら、子どもの『やる気スイッチ』が入ったサイン。「もっともっと」と次々と意欲的にチャレンジしていくはずです。

次第に問題のレベルを上げていき、**難しい問題にもチャレンジしたら、最後はまた簡単な問題でその日の勉強を締めくくりましょう。**途中、できない問題もあったけれど、「最後の問題は大きな花マルをもらった」と印象づけて終えること。これがポイントです。

「まさか、これはできないよね？」

自分で考え、試行錯誤しながら答えに到達したときの気分のよさや満足感は、学ぶ楽しさを知る基盤となります。

「できた！」「もっとやりたい！」と次々とより高いレベルを目指して挑戦しはじめるでしょう。ここで、少しずつ問題のレベルを上げて小さな負荷をかけていきましょう。

新しい課題や難易度のちょっと高い課題に取り組ませるとき、私が決まって使う言葉があります。それは「まさか、これはできないよね？」。

「次はうんと難しいよ。まさか、これはできないよね？」とためらいがちにいえば、子どもは「できるよ！」と、意気揚々と取り組み、本当にやってのけてしまいます。

ただし、やる気になってどんどんやるからといって、一度にまとめてたくさんやらせるのは禁物です。最初に決めた量をこなせればＯＫ。

習慣づけることが目的ですから、「今日は10ページやったけどあとはほったらかし」にならないよう、ペースを決めて毎日無理なく続けましょう。

集中しているときは話しかけない

最初にやり方を伝えたら、あとは一人でやらせてみます。お母さんも本を読んだりして、ほかの作業に集中しましょう。

途中で話しかけたりして邪魔をしてはいけません。また、横から「早く！」とか「まだ終わらないの？」とせかさないでください。**思考力を総動員させて黙々と取り組んでいる時間こそ、子どもの集中力を格段に高めてくれるからです。**自力でゴールに到達する喜びを体験させてやりましょう。

子どもがやり切って「ママ、見て」と見せにきたら、「よくがんばったね」と最後までやり通したことをほめてあげましょう。

絵画や粘土、ブロック、制作をしているときも、自分で手を動かしてひたすら夢中になっているときは、子どもから話しかけられるまでは、あれこれ口を出さないよう見守ることが大切です。

間違えたときは、「ああ、もったいない！」

「正確に、早く」が理想ですが、課題をこなすうえで、最初からあまりスピード重視にならないようにしましょう。

よく男の子で見られるのは、面倒くささが先に立って、雑にいいかげんにやってしまうこと。きちんと理解していないのに、「とりあえずやった」ことだけに安心してしまい、小さなミスを見落とすことが多く見られます。

幼児期は、スピードよりも、まずはていねいに理解することを優先させましょう。

そして、間違えたときは「ああ、残念！」「惜しかったね」「もう少しだったのにもったいない！」と、肯定的な言葉を投げかけます。

「残念！　惜しい！」と子どもに気づかせることで、一つひとつにていねいに取り組み、「これで本当に大丈夫かな？」と見直しをする余裕が生まれてくるのです。

ケアレスミスもぐっと減ってくるでしょう。

このような習慣が身についたら、スピードを意識するのもいいでしょう。ゲーム感覚で「次は○分でやってみようか？」「ママと競争してみよう！」と誘えば、子どももその気になって取り組み、次第にスピード感も伴ってくるはずです。

本を読めば頭がよくなる！

いつもそばに本のある生活を

私は子どものころ、たくさんの本に囲まれて育ちました。図鑑や歴史小説、スポーツ選手の伝記など、**ジャンルを問わずいつも手の届くところに本があり、本を読むことが生活の一部になっていました。**子どものころから読書する習慣があったおかげで、それまで気がつかなかったものの見方や、物事を論理的に組み立てる考え方を自然に習得することができました。

本を読むと語彙力が磨かれ、日本語の豊かで美しい表現を自分でも積極的に使うようになりますし、分厚い本を最後まで読み切る根気や集中力も養えるでしょう。読書を通じて日本語を理解したり、表現したりすることは、総合的な学力を鍛える高度なトレーニングとなるのです。

本を惜しみなく与えてくれた両親にはいまでも感謝しています。

さらに、**読書の最大の愉《たの》しみは、自分の限られた時間では経験できないさまざまな冒険を、本の世界で疑似体験できること**ではないでしょうか。作者や登場人物の気持ちになって本の世界に没入し、想像力を働かせ、ドキドキ、ワクワクする刺激的な体験は、将来の生き方を考えるきっかけとなるかもしれません。**子どものころの読書体験は、人生を何倍も豊かにすることができるのです。**


活字離れが進んでいますが、いまこそ読書習慣の大切さを見直し、9歳までに読書好きな子どもに育てましょう。

なお、子どもが興味を示した本は、基本的にどんな本でも与えるようにし、本を身近に感じるきっかけを作ってください。徐々に評価の高い推薦図書などを親がさりげなくすすめるようにし、「評判の本だからぜひ読ませたい」「まだ早すぎるかも」という本も、手に入れて本棚に並べておくといいでしょう。

本も人も出会いが肝心。たとえいますぐ読まなくても、いつか読むかもしれません。いつでも本が読める環境を作ってあげることが大切です。

好きな本をくり返し読み聞かせる

男の子が女の子にくらべて明らかに遅れているのが、言語に関する能力です。「今日はどうやって来たの？」「電車！」、「昨日の夕ごはんは何を食べたの？」「ハンバーグ！」。質問に単語でしか答えられない子の大半が男の子です。

単語だけでなく、文での会話ができることは、考える力の基本ともなります。

幼児の言語のレベルを上げるには、絵本の読み聞かせが一番です。

子どもはお母さんに絵本を読んでもらうことが大好き。お母さんのおひざに乗り、絵本を読んでもらっている姿は、安心感と満足感でいっぱいです。**絵を見ながら言葉からイメージを喚起したり、言葉で表現したりする能力も磨かれていくでしょう。**

お気に入りの絵本を何度も「読んで！」とせがまれるかもしれませんが、満足するまで何度でもくり返し読んであげましょう。

男の子の心に刺さる読み聞かせ方

読み聞かせの効果は、子どもの情緒を安定させるだけにとどまりません。話を集中して聞き取ったり、内容をきちんと理解したりする力を鍛えることができます。ポイントは、はっきりとリズミカルに発声すること。**「てにをは」や「より」「ずつ」など、助詞をきちんと子どもに届くよう意識するのです。**

すると、文字面だけをさらっと読み聞かせるよりも、内容の理解力が格段に高まるのです。日本語の語感や得られる情報から行間を読んだり、情景を想像したりする力がバランスよく育てられるでしょう。

内容の理解度がアップすると、**登場人物になり変わって「こんなとき、どんな気持ちがするだろう」と想像したり、相手を思いやったりする心が芽生えてきます。**喜怒哀楽の感情を自分自身と照らし合わせたりすることもできるようになってくるでしょう。

小学校入学までに 読み聞かせたい おすすめ絵本10

1

『おしゃべりなたまごやき』
作：寺村輝夫　絵：長 新太（福音館書店）

わくわくするユニークな展開のお話です。耳からの情報で楽しくイメージを広げたり、集中してお話を聞いたりする習慣を身につけましょう。想像力豊かに物語の世界に遊ぶ楽しみを体験してください。

2

『おこる』
作：中川ひろたか　絵：長谷川義史（金の星社）

なんでお母さんは怒っているのかな？　どうして僕は怒られたのかな？　自分が怒るのはどんなとき？　日常のいろいろな場面の中で「怒る」という感情について考えてみるきっかけとなる一冊。

3

『しごとをとりかえた だんなさん』
作・絵：ウィースナー
訳：あきのしょういちろう（童話館出版）

自分から見るとほかの人のものがよく見えるということはよくあること。でも、考えてみると実際は違うということを教えてくれる一冊。

4

『100万回生きたねこ』
作・絵：佐野洋子（講談社）

物語を通じ、自分が周りの人に思われ、かわいがられることの嬉しさだけでなく、自分もほかの人を大切に思っている気持ちがあることに気づかせてくれます。お友だちの気持ちを想像してみるきっかけにも。

5

『だいじょうぶ だいじょうぶ』
作・絵：いとうひろし（講談社）

これから先、どんな大変なことがあっても「だいじょうぶ」。そんな大きな励みと前に進む勇気を読み取りましょう。いままでのお子さんのがんばりを親子で一緒に振り返り、追体験してみては。

6

『クリスマスのふしぎなはこ』

文：長谷川摂子　絵：斉藤俊行（福音館書店）

クリスマスも近づいてきました。サンタさんはいるのかな？　本当に自分のところにプレゼントを届けてくれるのかな？　期待と不安に胸をふくらませるお子さんの豊かな想像力を見守り、育む一冊。

7

『ちいさなふゆのほん』

文：ネースルンド　絵：ディーグマン
訳：ひしき あきらこ（福音館書店）

雪が降って大喜びで遊ぶ子どもたち。これからやってくる季節へのわくわく感や、冬から春に移ろうときの変化に心を寄せてみましょう。

8

『わすれられないおくりもの』

作・絵：バーレイ
訳：小川仁央（評論社）

大事なお友だちのアナグマを失った動物たちは、どんな気持ちだったのかな？　お別れのとき、アナグマがお友だちにかけた言葉とは？

9

『ちいさいおうち』

文・絵：バートン
訳：石井桃子（岩波書店）

ちいさいおうちの表情の変化に想像力を働かせてみましょう。自然の美しさ、世の中の移ろいに関心を持つうちに、自分の心の変化にも気づくはず。

10

『どんなにきみがすきだかあててごらん』

文：マクブラットニィ
絵：ジェラーム　訳：小川仁央（評論社）

好きな人がいることがどんなに幸せなことなのかを感じさせてくれる一冊。相手を大切に思い、自分を思ってくれる人に思いをはせるきっかけに。

算数が得意な子になる育て方

折り紙、ブロック、積み木遊びで図形センスを養う

男の子の大好きなブロック遊びや積み木遊びは、立体的な図形のセンスを磨くことに大いに役立ちます。

また、一つの図形を別の形に変える折り紙や、さまざまな形のピースを組み合わせて別の図形にするパズルは平面的な図形のセンスを鍛えます。

これらの遊びを通じて、空間認識能力を高めることができるのです。したがって、幼児期にどれだけこうした遊びに親しんだかが、算数が得意な子になるかどうかを左右するといえるのです。

さらに、数を数えたりするセンスは、日常生活でお菓子を分け合ったり、何か

を配ったり、階段を一段ずつ数えたりといった体験を通して鍛えられていきます。ふだんからこうした遊びに親しみ、理数的なセンスを身につけさせましょう。

教材の選び方

子どもの理数的な能力を無理なく伸ばすには、問題の難易度がわかりやすいものがおすすめです。

伸芽会教育研究所で開発したステップナビシリーズ（A～D）は、問題の難易度が3段階で示されており、「数量・比較」「推理・思考」「図形・観察力」といった理数的能力をバランスよく伸ばすよう工夫されています。ぜひ参考にしてください。

ここで、例題として『ステップナビB・基礎編』より、難易度★★★の問題を紹介しましょう。これらの問題は、**机上で行うだけでなく、実際に具体物を使って、目で見て触って体験することで理解を深めることが大切です。**なお、問題はお母さんが口頭で読んであげてください（解答は132ページにあります）。

〈できるかな？❶〉

考える力が伸びる！　数量の問題

問い

魔法のおうちがあります。★のおうちを通ると○が2つふえ、♥のおうちを通ると○が3つ減ります。では、左の○はそれぞれのおうちを通るといくつになりますか。その数だけ○をかきましょう。

考え方

あらかじめ提示された約束を覚えておき、それぞれの段に応用していく問題。ただ数を数えるだけでなく、ある条件の中で答えを導き出すため、数を操作する思考力が必要です。

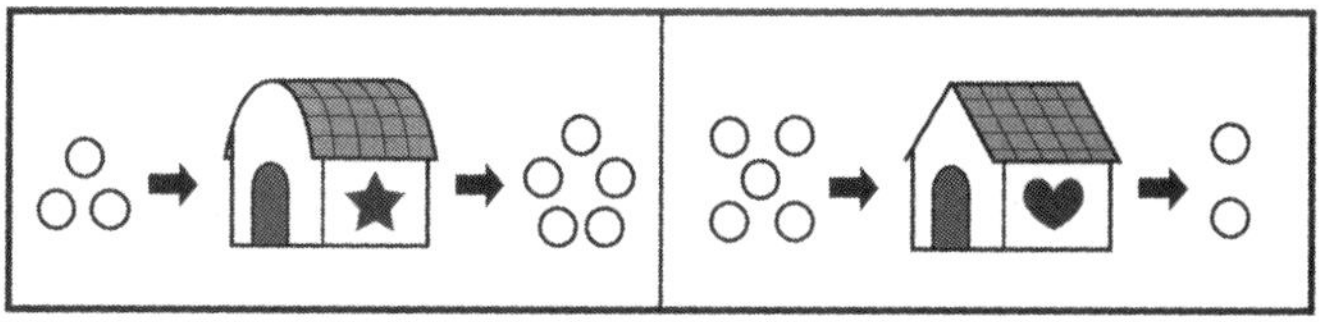

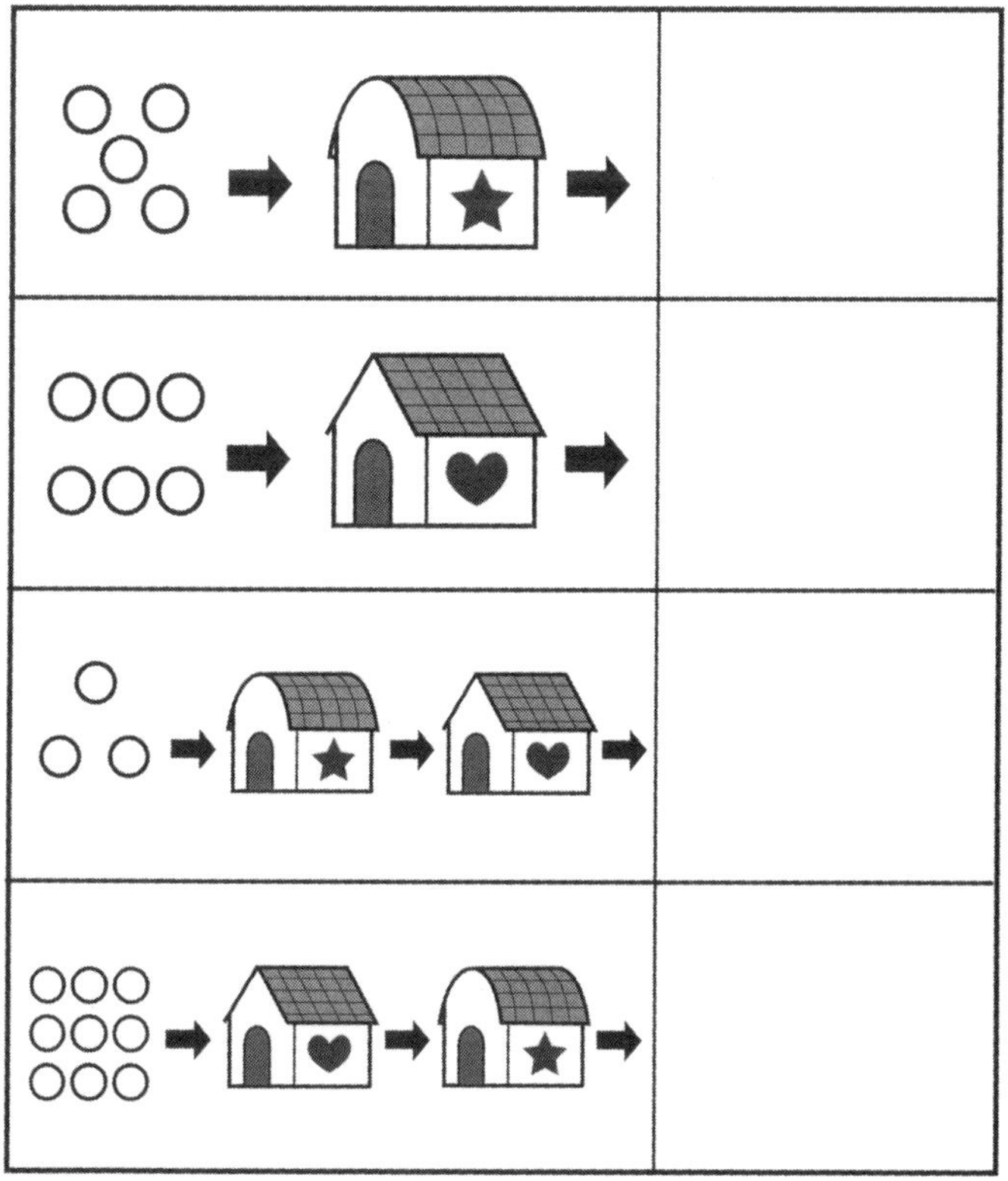

〈できるかな？❷〉

考える力が伸びる！重さの問題

問い

重さくらべをしました。一番重いものには○、一番軽いものには×を、右側の四角から選んでつけましょう。全部の段をやりましょう。

考え方

シーソーが2つあるので、AよりB、BよりCが重いとき、Cが一番重いという論理が必要になります。

〈できるかな？❸〉

考える力が伸びる！ 対称図形の問題

問い

左のように折り紙を折って白い部分を切って開いたら、右のどの形になるでしょうか。合う形に○をつけましょう。全部の段をやりましょう。

考え方

選択肢の中の絵に、対称軸にあたる折り目の線を書き入れてみましょう。折り目を書き入れると左のお手本と同じになるものが正解です。

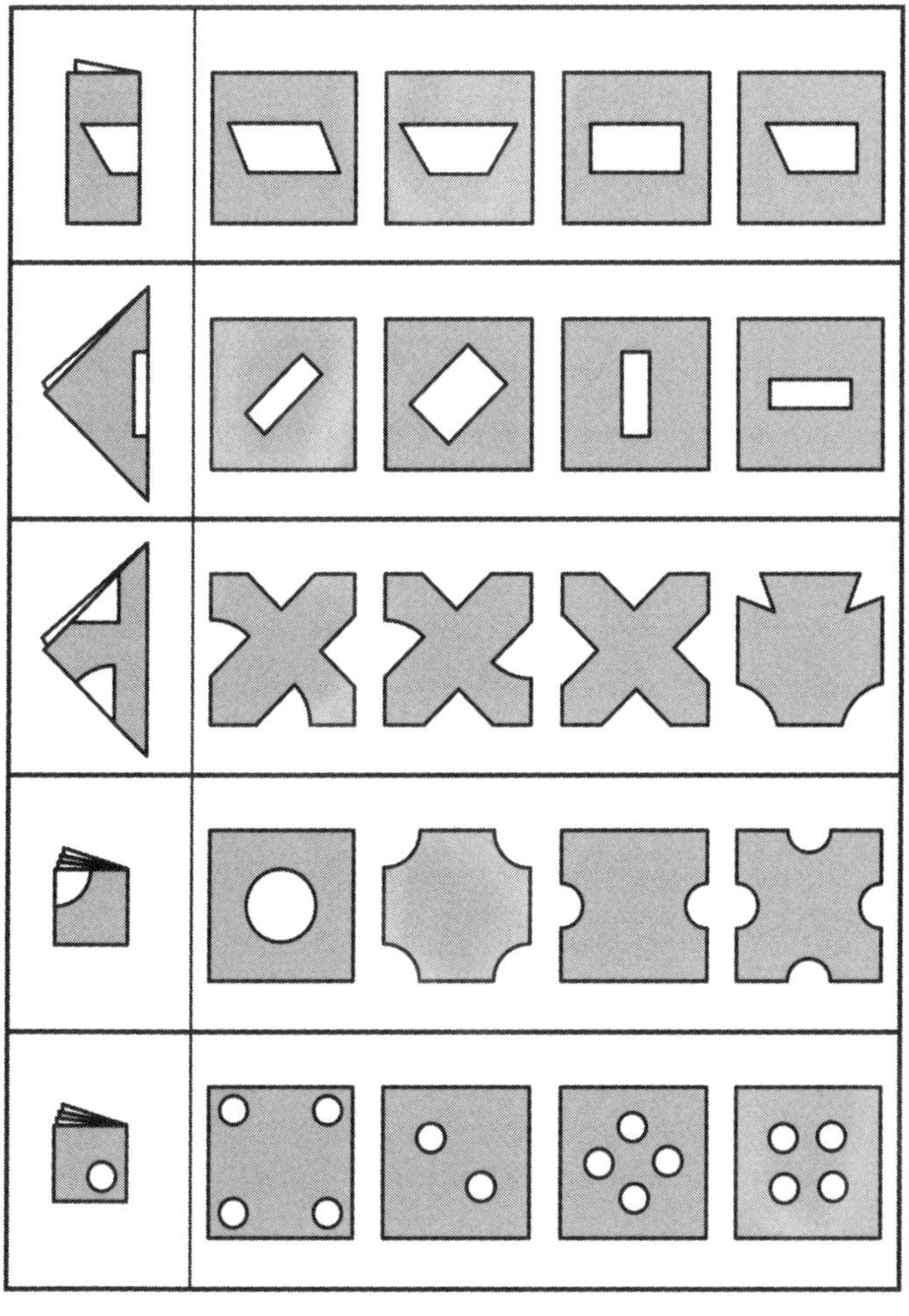

〈できるかな？❹〉

考える力が伸びる！ 同図形発見の問題

問い

左のお手本と同じ絵を探します。ただし、クルッと回っているものもあるので、よく見て同じ絵だと思うものを探して○をつけましょう。

考え方

時間がかかる場合は、明らかにお手本と違うものをまず選択肢から外し、徐々に選択肢を少なくして正答を探してみましょう。

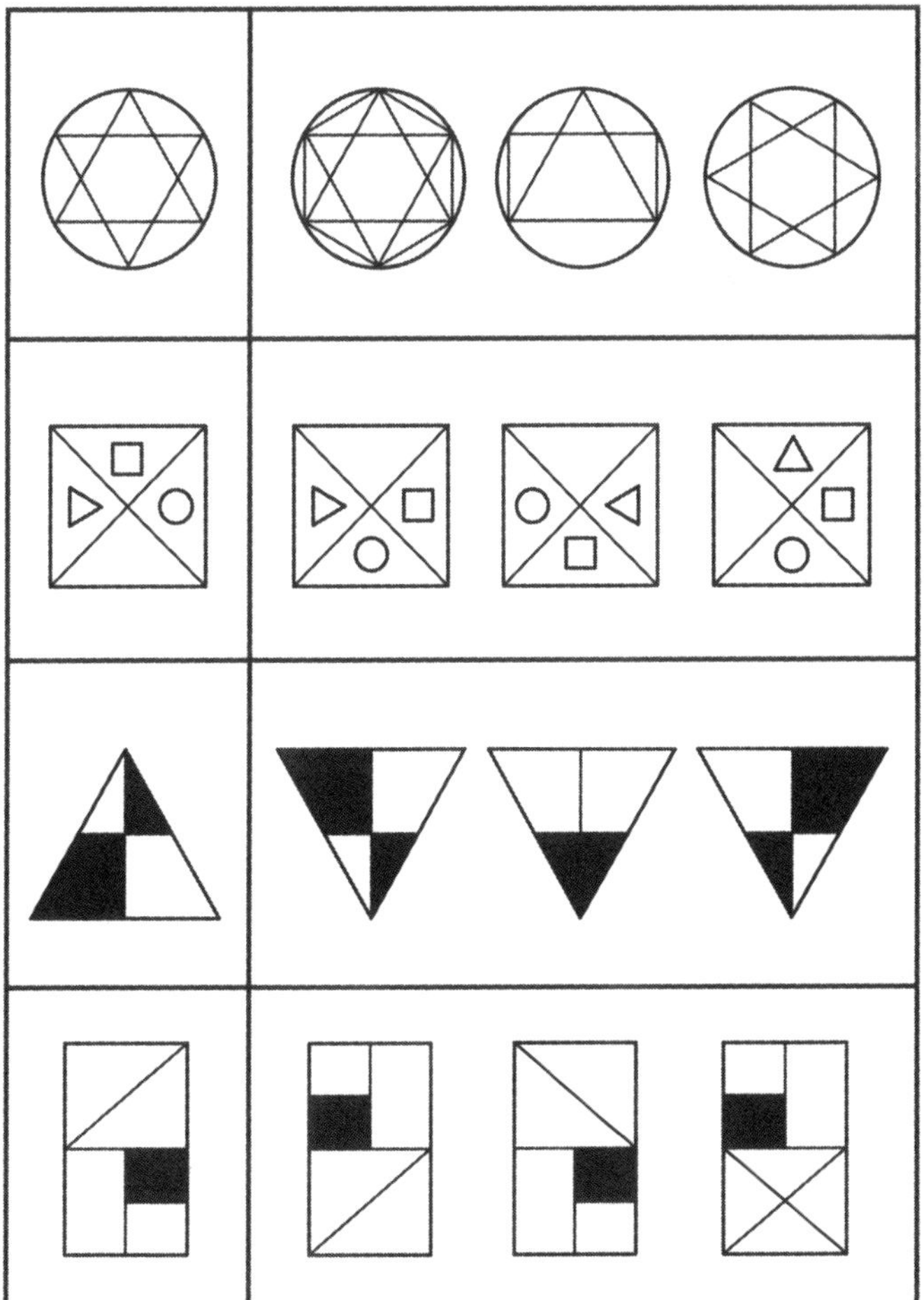

〈できるかな？❺〉

考える力が伸びる！ 四方図の問題

問い

台の上のぬいぐるみと花瓶を○、△、□の方向から見たらどのように見えますか。正しい絵を下から選んでそれぞれの印をつけましょう。□のところは後ろから見ている様子を選んでください。

考え方

ぬいぐるみの向き、手に持った花や横の花瓶の位置などを総合して判断する問題です。選択肢の違いをきちんとつかむことが大切です。

絵画で表現力と想像力を鍛える

イメージする力を磨く

お絵かきほど子どもの個性が端的に表れるものはありません。自由で豊かな発想でかかれた絵の持つパワーは、絶大なエネルギーにあふれています。

お絵かきは、**見たことがあるもの、体験したこと、自分の記憶に残っているものを引き出して再現していくという、イマジネーションを鍛えるとても高度なトレーニングなのです。**実在のものを見ながらそのとおりにかく「模写」ではありませんから、それらしく見えなくてもかまわないのです。

ところが、実際はお絵かきが苦手だというお子さんも多く見受けられます。それは、自分のかいた絵にダメ出しをされ、自信をなくしてしまっているのかもしれません。

　たとえばキリンの絵をかくとして、たとえそれらしく見えなくても、絶対に否定しないでください。また、かく前から「キリンの首は長いでしょ」「色は黄色に斑点だよ」と画一的に教えてしまっては、あまり意味がありません。

「絵がへたね」「全然キリンに見えないわ」と否定すれば、たちまちやる気をなくしてしまいます。子どもが自分から気づけるような言葉がけをしましょう。

「大きさはどれくらいかな？」「足は太いかな？　細いかな？」「お耳はどんな形かな？」と声をかけるうち、子どもは自分の中でかきたいものにもっと近づくにはどうしたらいいか、考えはじめるでしょう。もっと相手に伝わるためのアイデアを探りはじめるはずです。こうした体験をくり返すうち、豊かな想像力が育っていくのです。

　そして、出来上がったら、「カラフルで華やかな絵になったね」「大きく伸び伸びとかけているね」と、**子どもが工夫したところ、がんばったところを具体的にほめてあげましょう。**

9歳までに身につけたい学習習慣

年長～小学校入学まで

とにかく自信をつけさせ、遊びの中から学ぶ楽しさを見つけられるようにすることがポイントです。**お友だちとの関わりの中で、積極的にリーダーシップをとる体験を重ねるといいでしょう。**

たとえば、グループで遊ぶときでも、積極的にみんなと関わり、アイデアを提案したり、だれかの提案に対して発展的な賛意を示したりする経験をどんどん積ませるのです。

自らの提案によって周囲の協力が得られ、その結果、集団を動かしたという体験こそ、大きな自信となるのです。
また、1日10分でも20分でもいいですから、毎日机に向かうことを上手に日常生活に溶け込ませましょう。

小学校入学～9歳まで

低学年のうちは、学力の基礎となる読み、書き、計算を毎日コツコツこなしてください。読書と音読、文字練習（ひらがな、カタカナ、漢字の書き取り）、計算を習慣づけ、基本の型をきっちり習得するのです。

文字をていねいに正確に書くことは、この時期に徹底して身につけておきたいもの。雑に書いては何十回書いても意味がありません。とくに漢字は、意味を考えながら正確に書くよう心がけましょう。

また、読書するときも、声に出して読むと、目と口と耳がフルで使われますから、文章の理解力が高まります。文章を読み飛ばしたりすることが少なくなり、正確に情報をキャッチすることができます。

アウトプットさせると理解が深まる

お子さんから「どうしてこうなの?」「なぜこうなったの?」と質問攻めにあうことがあるでしょう。

そんなときは、そこに疑問を持った視点をほめてあげましょう。そして、「どうしてそう思ったの?」「なぜだと思う?」「理由を教えて」と質問を投げ返してみましょう。

返ってくる答えはどんなことでもいいのです。**真剣に自分で考えて、アウトプットさせてみる作業をくり返すことで、子どもはいっそう関心を深めて物事に取り組みます。**

「まあ、そうなの!」「なるほど」と同意しながら最後まで気持ちよくしゃべらせてあげましょう。人の話は最後まで聞くものだ、というマナーも教えることができます。

物事の理解を深め、咀嚼《そしゃく》し、自分のものにしたら、ほかの人にわかりやすく教えてあげる。知識をインプットするとそれで安心してしまいがちですが、それを**アウトプットしていく機会をふだんから親子の関わりの中で自然に作ることは、地頭を効果的に鍛えるトレーニングとなります。**

「なぜかというと」と理由を説明できるようになれば、進歩しているサインです。論理的な思考力が育っているのです。

また、疑問に思ったことを辞書やインターネット、図鑑などで親子で一緒に調べ、それを共有していくことも有意義なこと。「そうか！」「わかった！」と親子で感じ合うことで学ぶ楽しさが倍増することでしょう。

問題の解答

❶ 117ページ

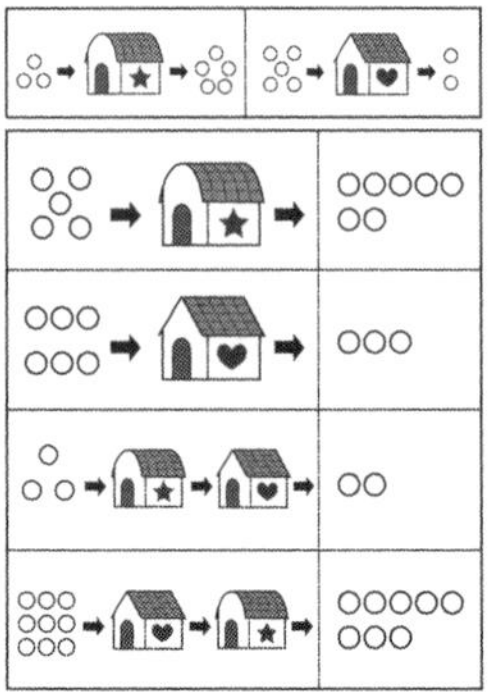

❷ 119ページ

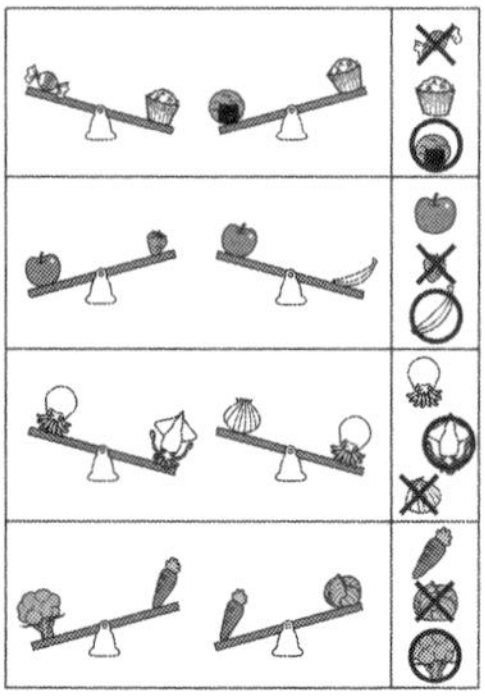

❸ 121ページ

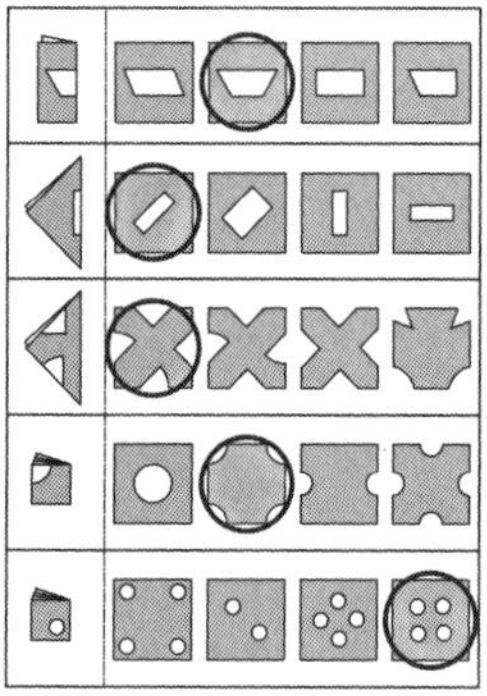

❹ 123ページ

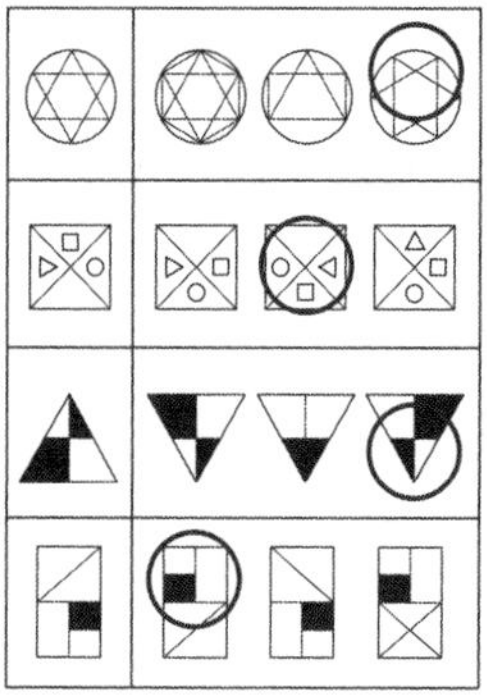

❺ 125ページ

Lesson

4

手先と体をバランスよく鍛える

器用な手先で脳力アップ！

〈手先のトレーニング〉

はしの持ち方からハサミの扱い方まで、かつてはふだんの生活の中で自然に身についていた子どもの手先の機能が、生活環境の変化によってどんどん衰えていっています。

また、手と指は第二の脳とされ、手先の器用な子は頭がいいともいわれます。**脳が急速に成長するこの時期にしっかり手先を動かし、脳の発達を促しましょう。**

ここで紹介する動きは、さまざまな技術の基本ともなりますから、毎日の生活に取り入れ、くり返し練習することで必ず上手にできるようになります。左ページでスムーズにできるかどうかチェックしてみてください。

TRAINING MENU

はしが上手に使えますか？

チェックポイント

はしがクロスしたり、はしを持つ位置が下すぎたりしていませんか？
親指がほかの指ときちんと向かい合っていることも大切。

〈正しい持ち方〉

1 はしを親指で押さえる
2 中指で上のはしを支える
3 薬指で下のはしを支える

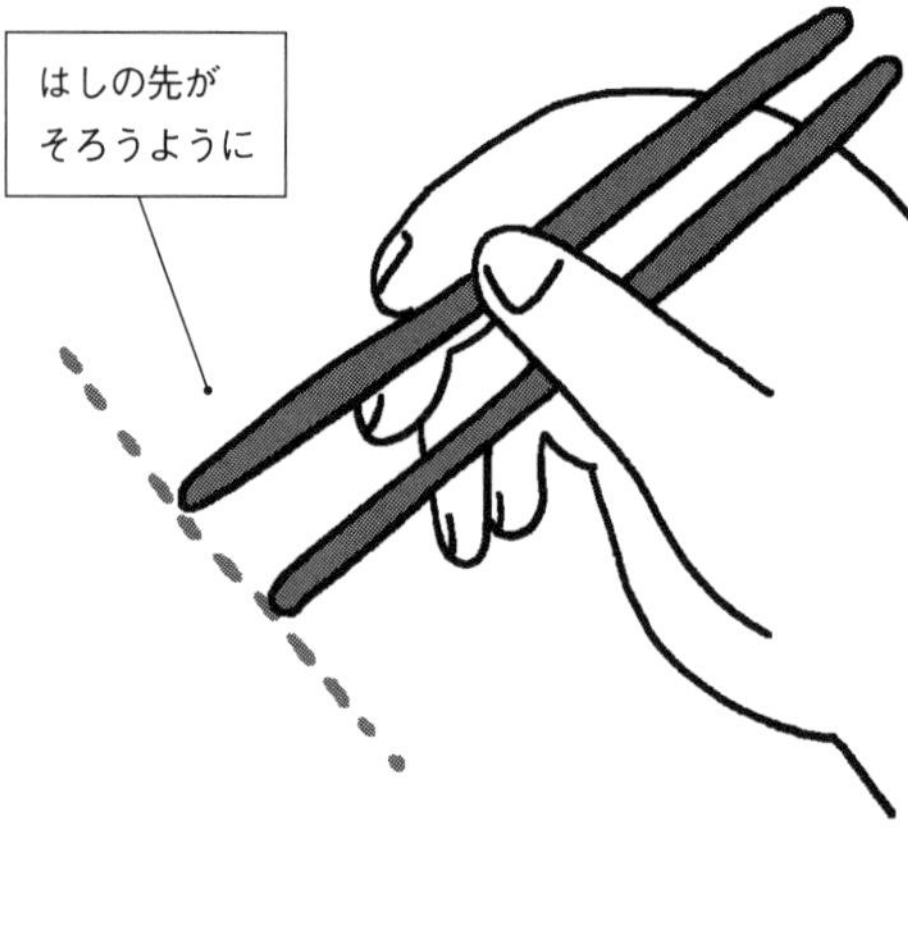

〈正しい使い方〉

下のはしは固定したまま、
上のはしだけを動かすのがコツ

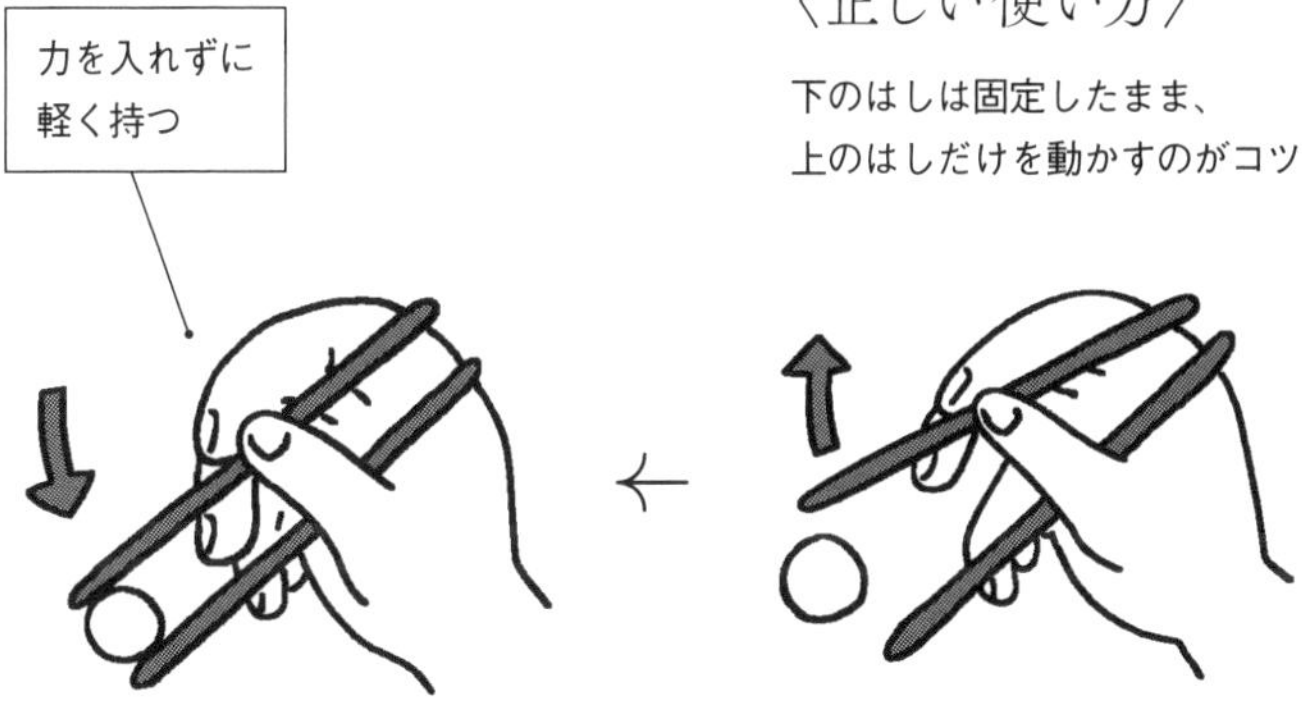

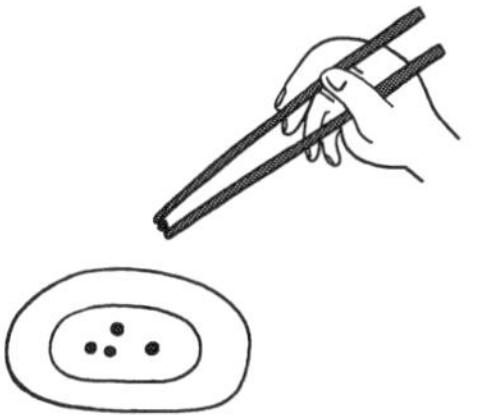

◎大豆つまみができますか？

1 はしで大豆をつまむ

2 皿から皿へリズミカルに移し替える

※20個を目標に練習しましょう

びんのふたが開けられますか？

チェックポイント

左右の手の力の入れ具合がポイント。ふたをねじって開けるタイプの水筒のふたなどもスムーズに開けられるように練習しましょう。

1 びんを片手で固定する

2

もう一方の手でびんのふたに指をかける

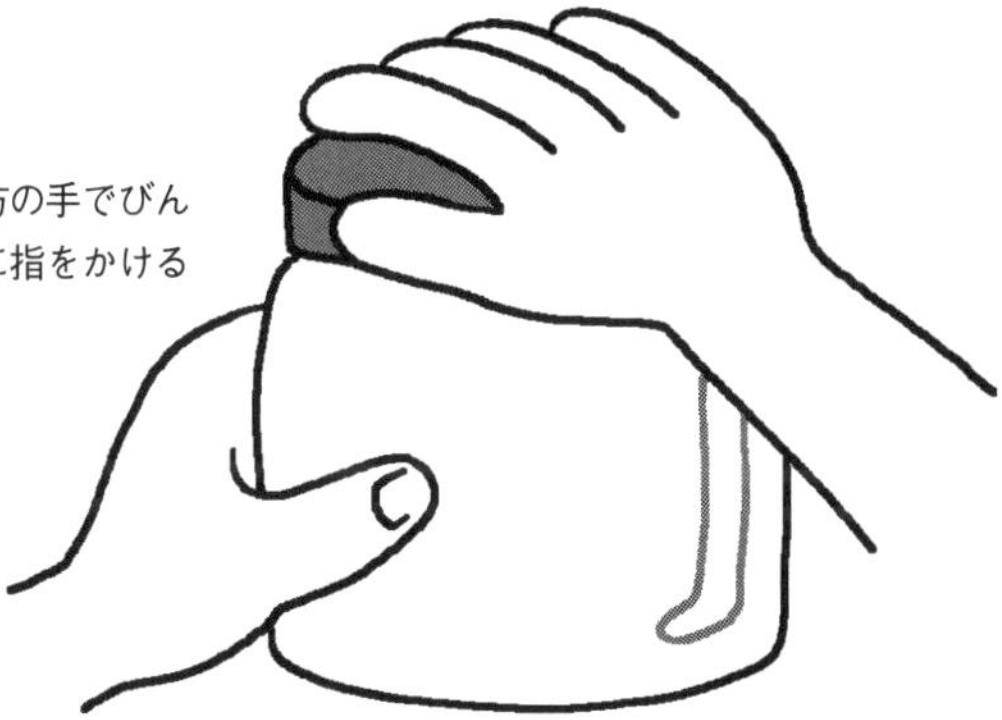

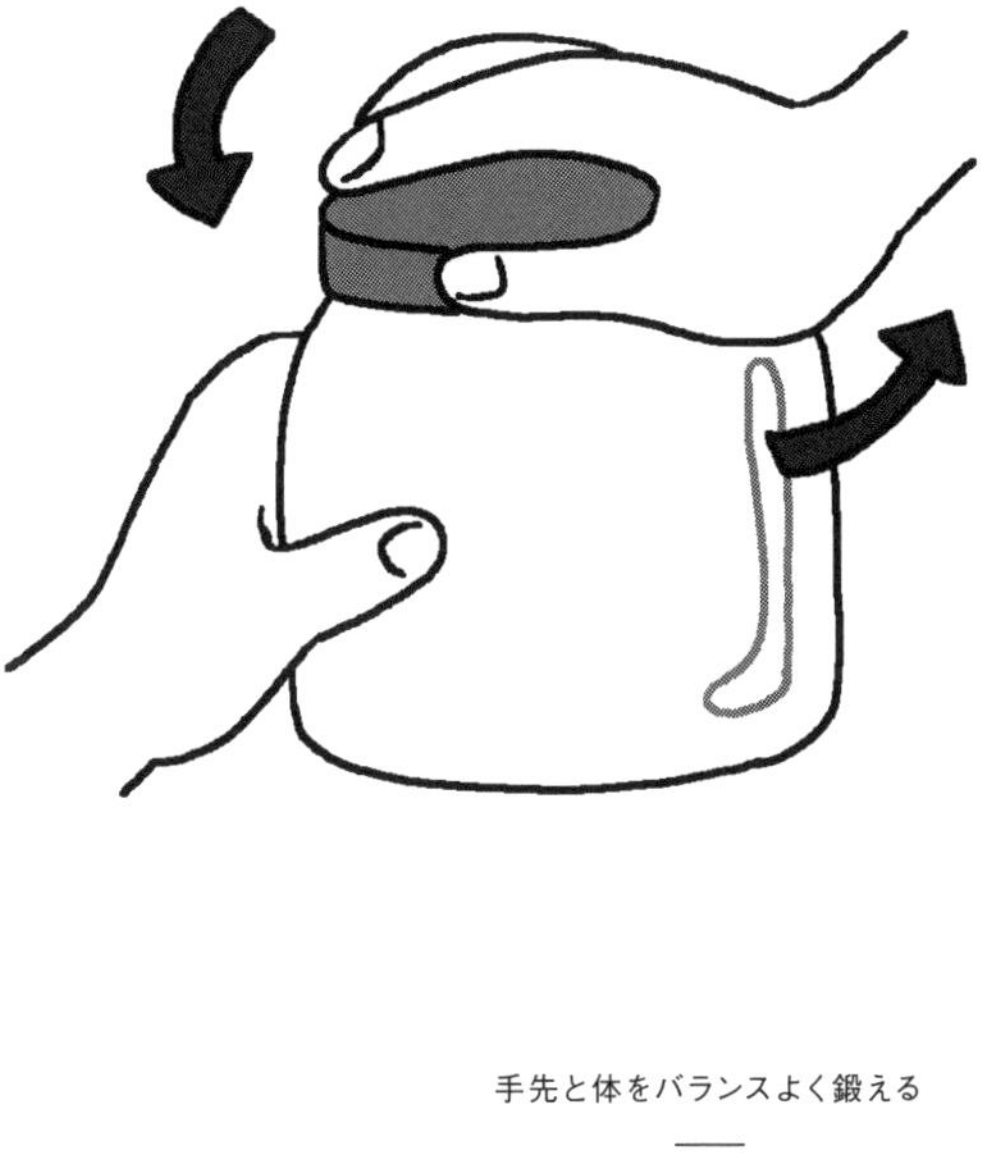

3

両手にしっかりと力を入れ、ふたをひねって開ける

お弁当箱が包めますか？

チェックポイント

たて結びにならないよう注意しましょう。薄手のナプキンや大判のハンカチなどを使って練習してください。

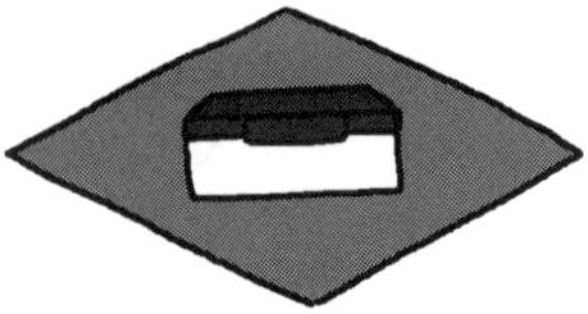

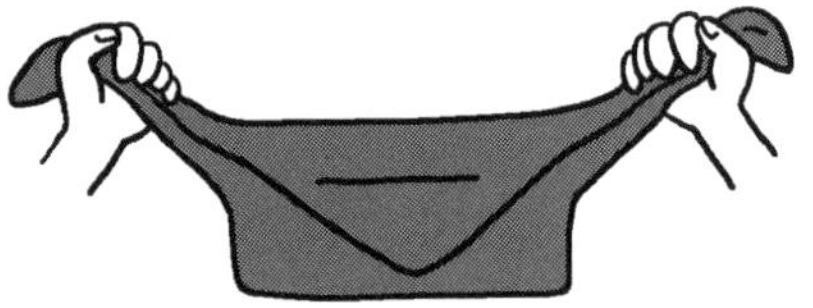

1 ナプキンの端を持つ

2 両端を交差させる

3 左右を持ち替える

4

一方を上から下へ
くぐらせる

5 両端を引っ張る

6

もう一度
交差させる

7 一方をくぐらせる

8 左右に強く引く

かた結び（こま結び）ができますか？

チェックポイント

最初は太めのひもを使うとやりやすいでしょう。たて結びにならないよう注意しましょう。

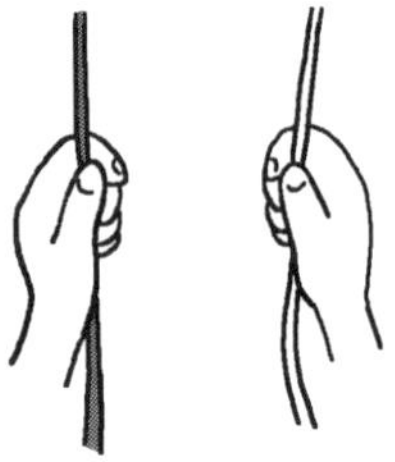

1 長さを適宜調整し、ひもを持つ

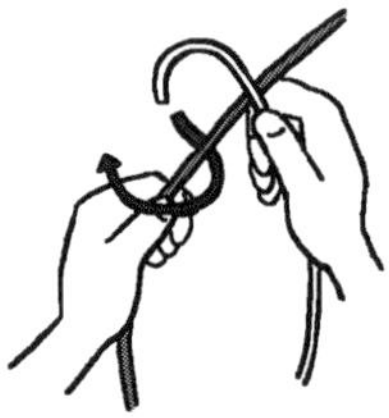

2 交差させてくぐらせる

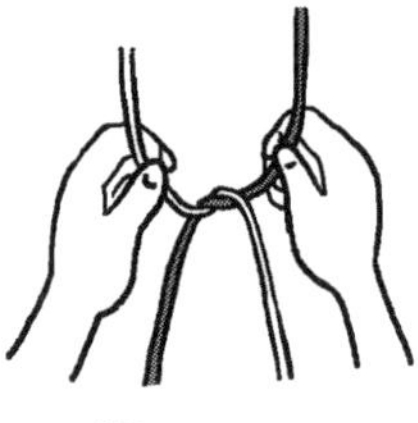

3 一度結ぶ

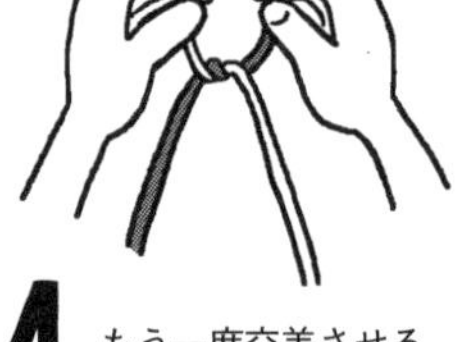

4 もう一度交差させる

5 くぐらせる

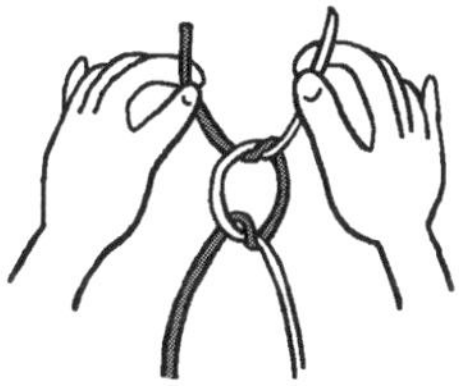

6 くぐらせたあとで
引っ張る

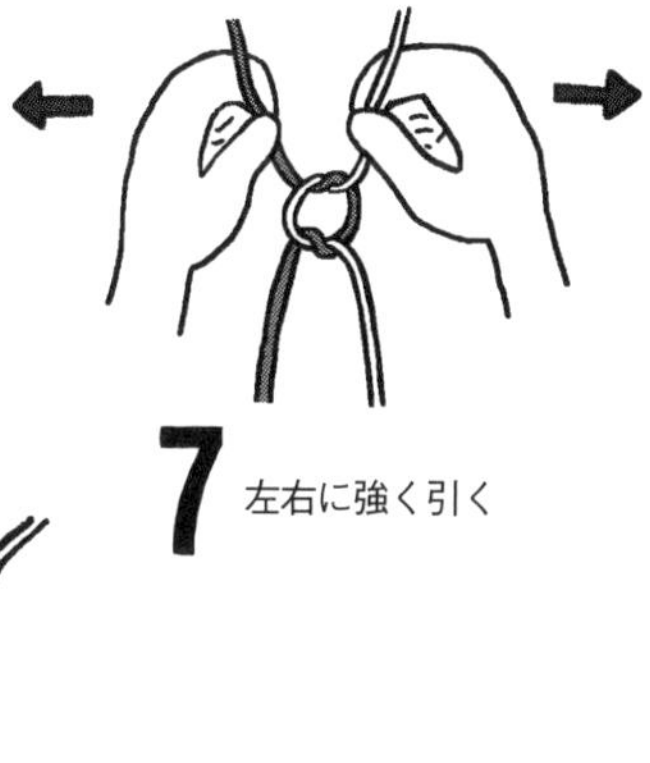

7 左右に強く引く

＼完成／

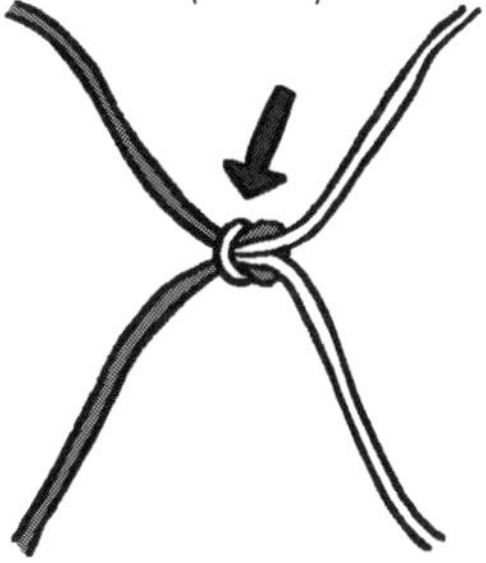

蝶結びができますか？

チェックポイント

靴ひもやエプロンなどに応用できます。たて結びにならないよう注意しましょう。後ろ手でも結べるようになるといいですね。

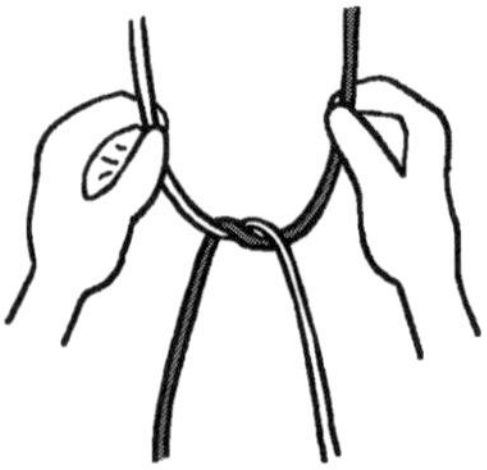

1 ひもを一度結ぶ

2 左手で右手のひもをつまむ

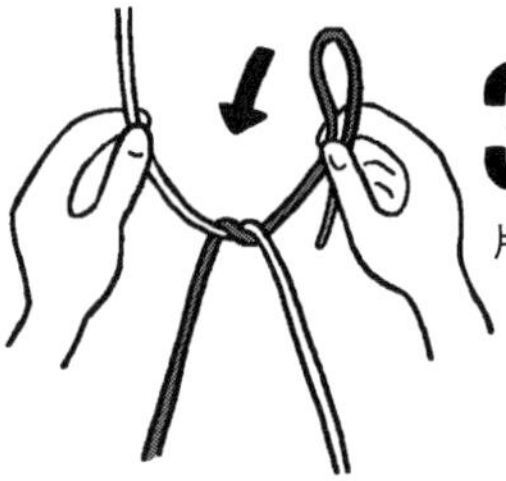

3 片方を輪にする

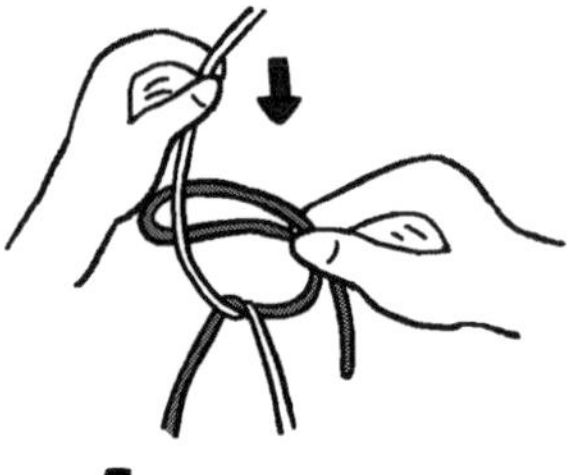

4 輪を横にし、一方のひもを重ねる

5 重ねたひもを
輪に回す

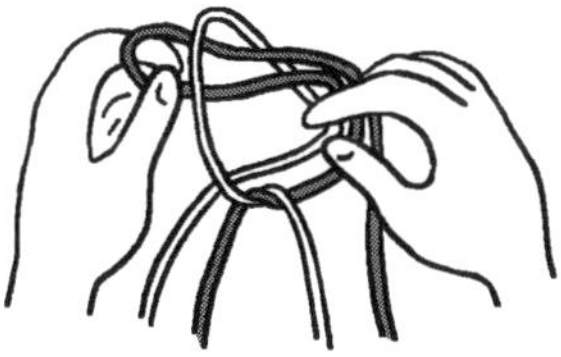

6 輪を作りながら
右へくぐらせる

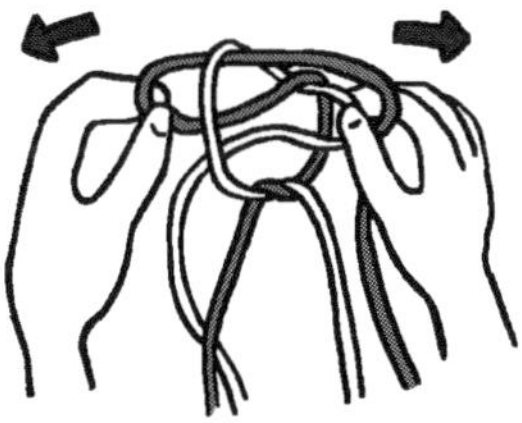

7 左右の輪の部分を
持つ

8 左右に引っ張る

ボタンがとめられますか？

チェックポイント

はじめは大きめのボタンからはじめるといいでしょう。ボタンを穴に通してとめるという面倒な手順も、慣れれば簡単に。

1 片手でボタンをつまみ、もう片方の手でボタンの穴をしっかり開ける

2

ボタンを穴に
通したら、
ボタンの頭をつかむ

3

つかんだボタンを
穴から引っ張り出す

ぞうきんが絞れますか？

チェックポイント

絞る力の入れ具合がコントロールしやすいたて絞りをマスターしましょう。水が周りに飛ばないよう注意しましょう。

1 持つ手の上下は左右どちらでもよい

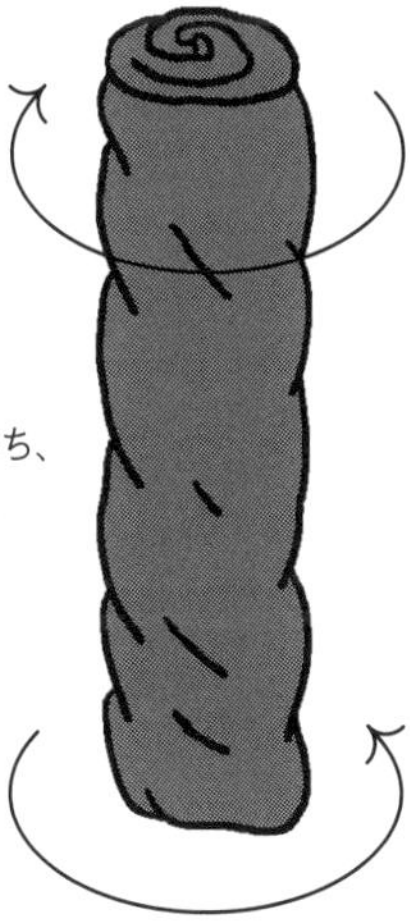

2

両手でぞうきんを持ち、
左右の手を逆方向に
ねじりながら絞る

立ったまま絞ると
水が周りに飛ぶので
座ったまま静かに絞る

ハサミがスムーズに使えますか？

チェックポイント

ハサミを正しく持ち、刃の開閉がスムーズにできるよう練習しましょう。曲線を切るときの紙の動かし方もマスターしましょう。

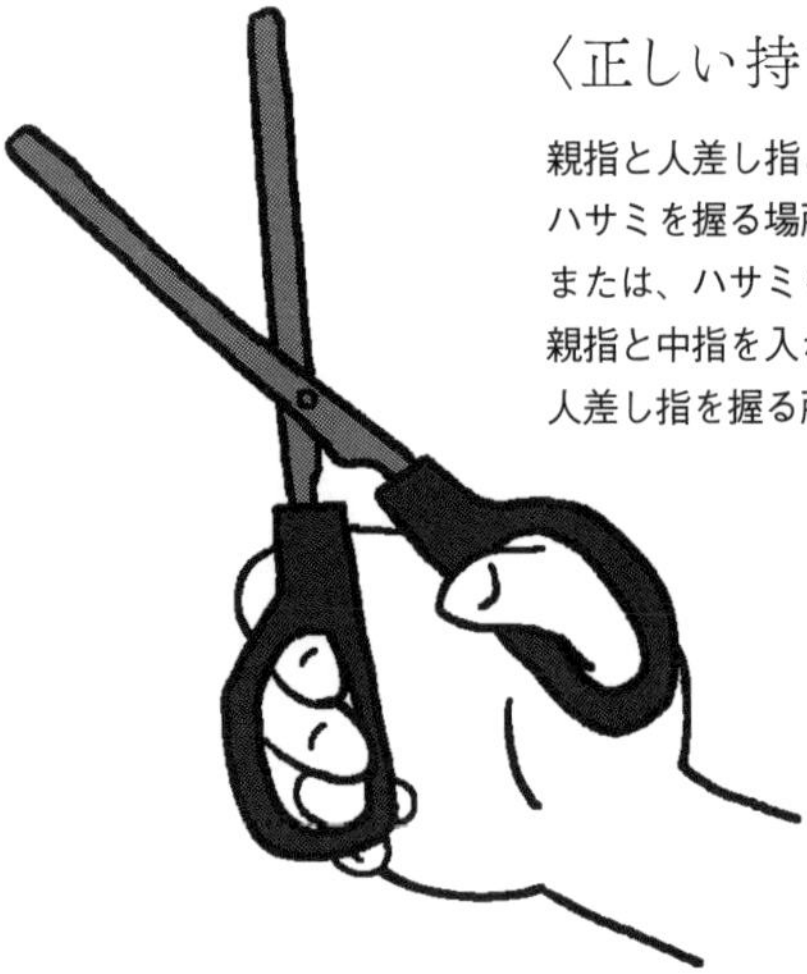

〈正しい持ち方〉

親指と人差し指と中指を
ハサミを握る場所に入れる。
または、ハサミを握る場所に
親指と中指を入れ、
人差し指を握る所に添える

〈正しい使い方〉

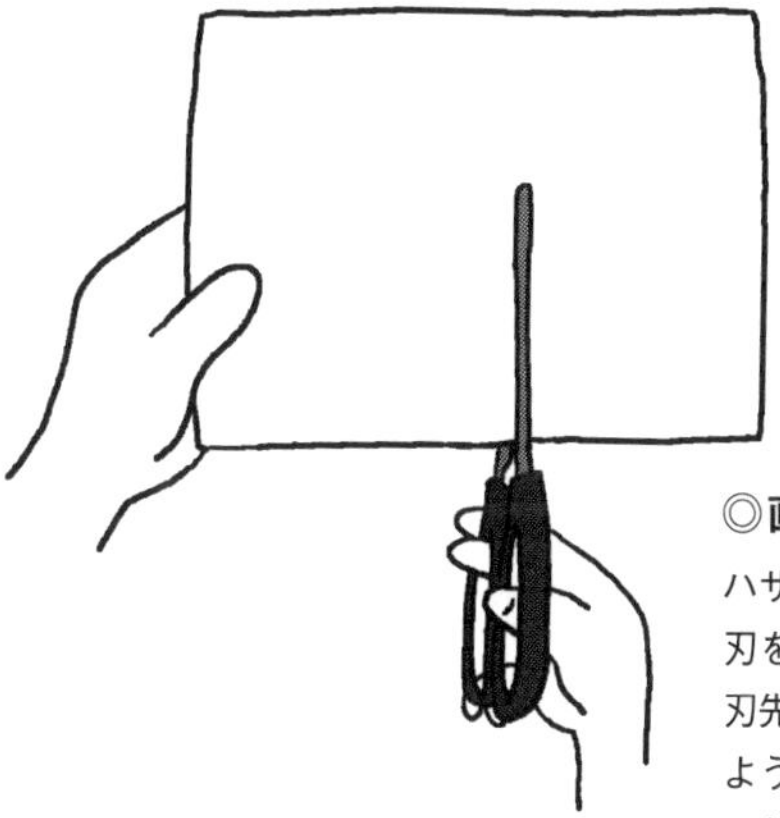

◎**直線を切るとき**

ハサミを紙と垂直にし、
刃を大きく開いて紙をはさみ、
刃先をぴったりと合わせない
ようにしながら切る。
これを何度か続ける

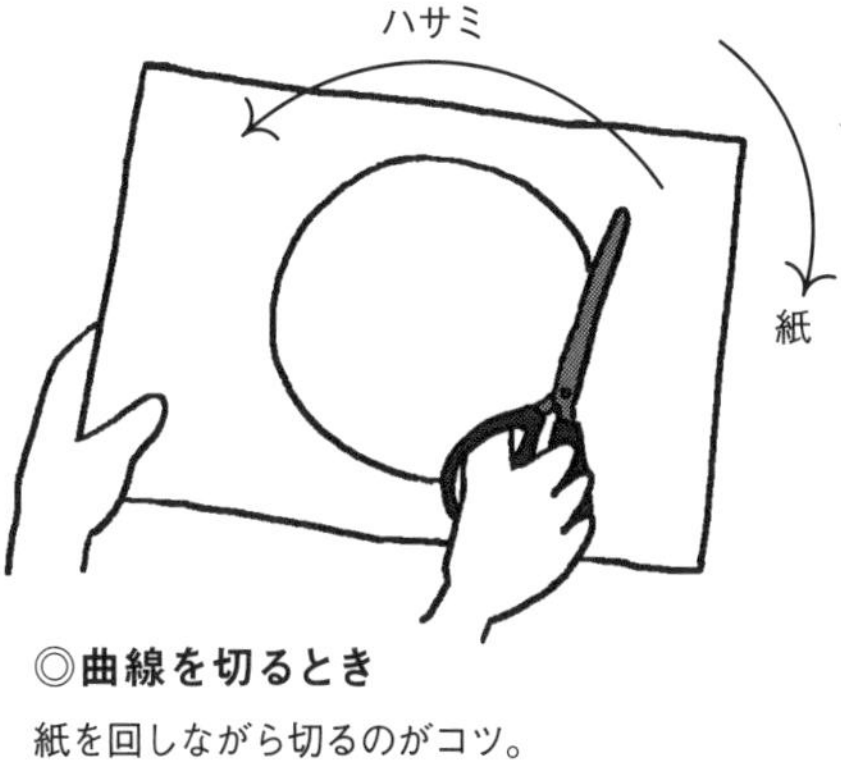

◎**曲線を切るとき**

紙を回しながら切るのがコツ。
紙は時計回り、ハサミは反時計回りに動かす
※右ききの場合

折り紙がキレイに折れますか？

チェックポイント

角をきちんと合わせ、合わせた角がずれないよう折り目をつけます。安定した平らな場所で行いましょう。

1

安定した平らな場所に
折り紙を置き、
両手を添えて折る

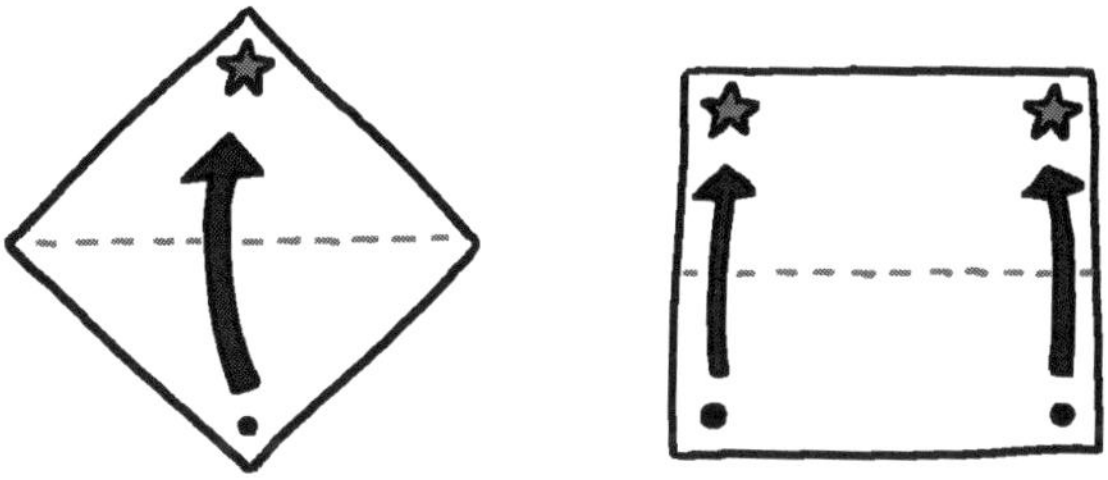

2 紙の角をしっかり合わせる。
●と★を合わせる

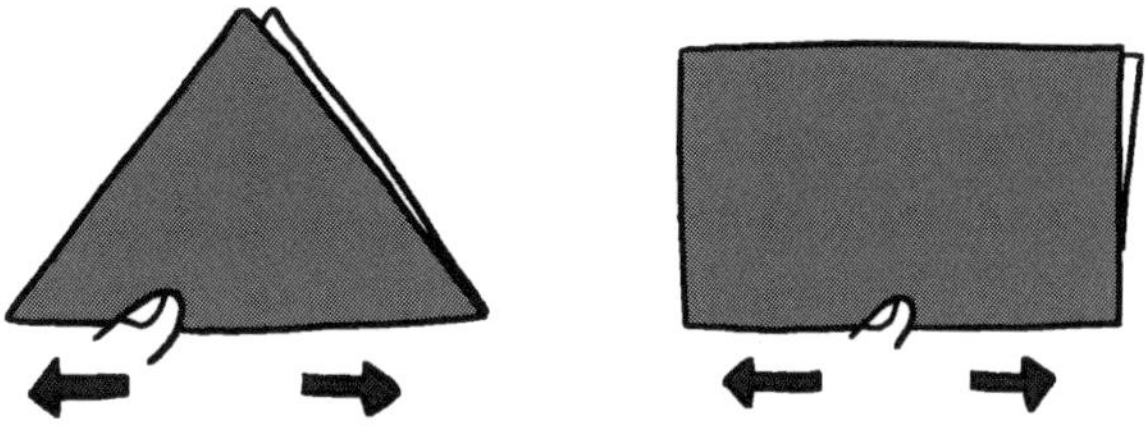

3 紙がずれないように
指でしっかり線をつける

リズム感・敏捷性・持久力をつける
〈体のトレーニング〉

以前なら、外遊びで幼児が自然に身につけていた基本的な運動能力も、いまや意識的に鍛えなければなかなか習得できません。

ケンケンやスキップなどの基本的な運動、クマ歩きなどの床運動、ボールつきなどを通して全身をバランスよく鍛えましょう。

脚力や腕力、柔軟性、リズム感、敏捷性、持久力などのほか、最後までやり抜く意志の強さも養えます。

自分の体をきちんとコントロールしながら動くことで、集中力も鍛えられます。親子で一緒にトレーニングしてみるといいでしょう。

TRAINING MENU

片足バランスができますか？

チェックポイント

「用意、スタート！」と
声をかけてはじめます。
目はまっすぐ一点を見つめ、
1分間キープすることを目標にしましょう。
バランス感覚を鍛えるとともに、バランス感覚が
正しく発達しているかどうかもチェックできます。
きき足で行うのが基本ですが、
左右どちらでもできるよう練習しましょう。

1 まっすぐ前を見て一点を見つめ、
片足を上げて立つ

2 そのまま1分間キープする。
左右足を替えて同様に行う

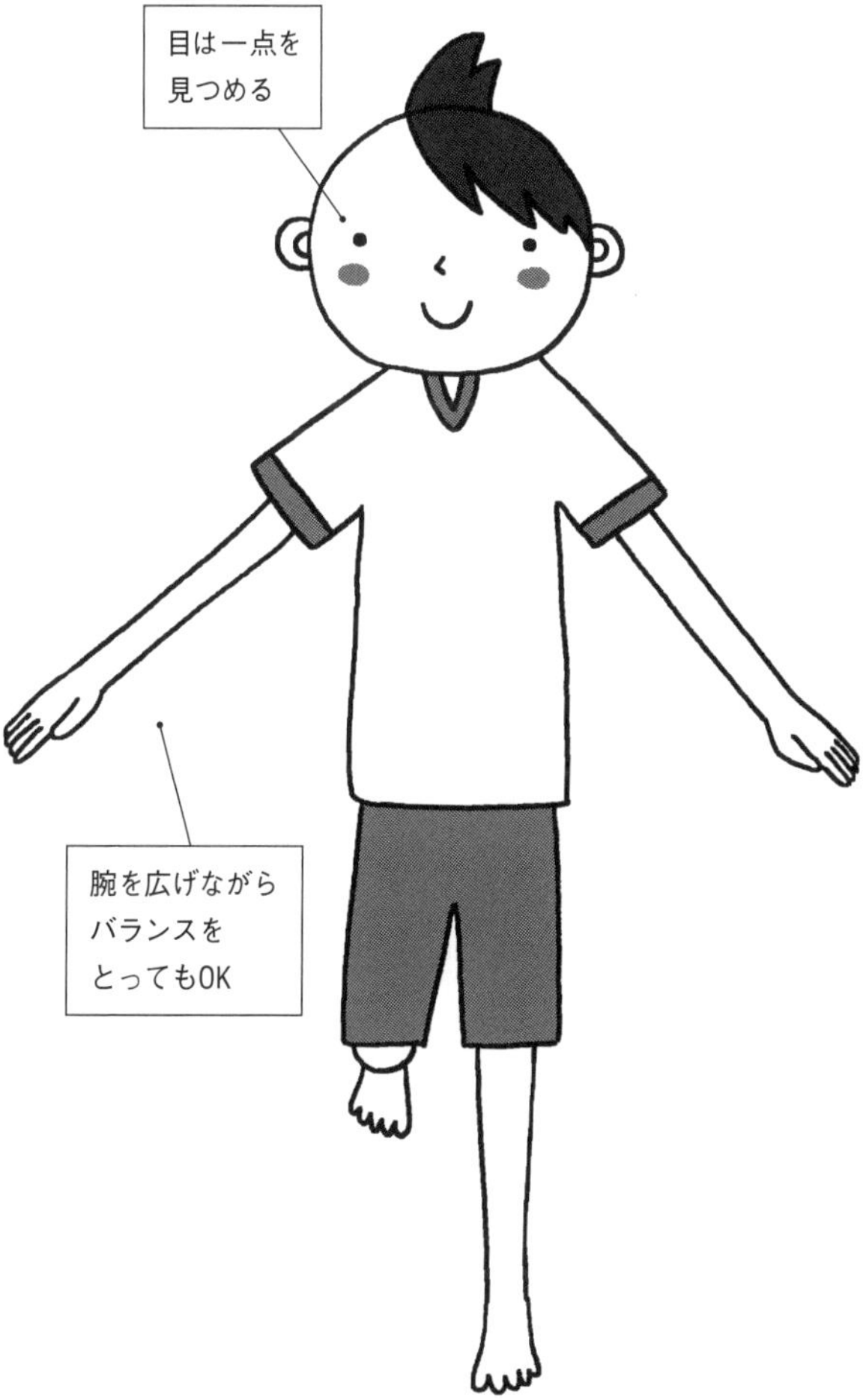
目は一点を
見つめる
腕を広げながら
バランスを
とってもOK

ケンケンができますか？

チェックポイント

片足のケンケンでリズミカルに前進していく運動です。
脚力とバランス感覚が身につきます。
あまりストライドは大きくせず、一定のリズムでとぶことを重視しましょう。
「用意、スタート！」の合図ではじめ、両足行いましょう。

1 合図でスタート！片足で踏み切る

2 反対側の足を引き上げ、
腕を上げながら
ケンケンする

ケンケンするほうの
つま先で強く
踏み切る
反対の足を
高く上げる

リズミカルに

3 そのままリズミカルに
前進する。
左右足を替えて
同様に行う

ケンパー・グーパーができますか？

チェックポイント

リズムよく足を開閉させて前進していく運動です。一定のリズムで進みましょう。「用意、スタート！」の合図ではじめましょう。

1

合図で
スタート！
片足で踏み切る
（ケン）

2

次に、勢いよく両足を
肩幅程度に開く
（パー）

3

ひざを軽く曲げて
両足を閉じる
（グー）

4

次に、勢いよく両足を
肩幅程度に開く（パー）。
1～4をリズミカルに
くり返す

スキップができますか？

チェックポイント

ツーステップのリズムで
足をしっかり上げて進みましょう。
ひざを胸に近づけ、できるだけ高く
ジャンプすることで
ダイナミックなスキップになります。
「用意、スタート！」の合図ではじめましょう。

1
合図で
スタート！

2
片方のひざを胸に
近づけるように
できるだけ高く上げる

4

左右交互に
リズミカルに
スキップする

3

腕を大きく振り上げて
ジャンプする

クマ歩きができますか？

チェックポイント

両手両足を使ってクマのように前進する運動です。脚力や腕力のほか、全身がバランスよく発達していないとうまくできない運動でもあります。

手足を同時に動かし、すばやく進むのがポイント。

ひざを軽く曲げ、腰を高く上げて行いましょう。

1 床に四つんばいになり、合図でスタートする

腰を高く上げる
手足をすばやく動かす
ひざを軽く曲げる

2 手足を同時に
動かして前進する

3 慣れてきたら
徐々にスピードアップ

アザラシ歩きができますか？

チェックポイント

上半身を腕の力だけで支え、
腕の力を使って前進する運動です。
進むときは手をできるだけ
前につくのがポイント。
徐々に距離をのばしていくといいでしょう。
アザラシのように両足を
ひきずりながら進むイメージです。

1 床にうつぶせになり、
上半身を起こす。
合図でスタートする

2 ひじに力を入れて
上半身を支え、
手をできるだけ
前につきながら進む

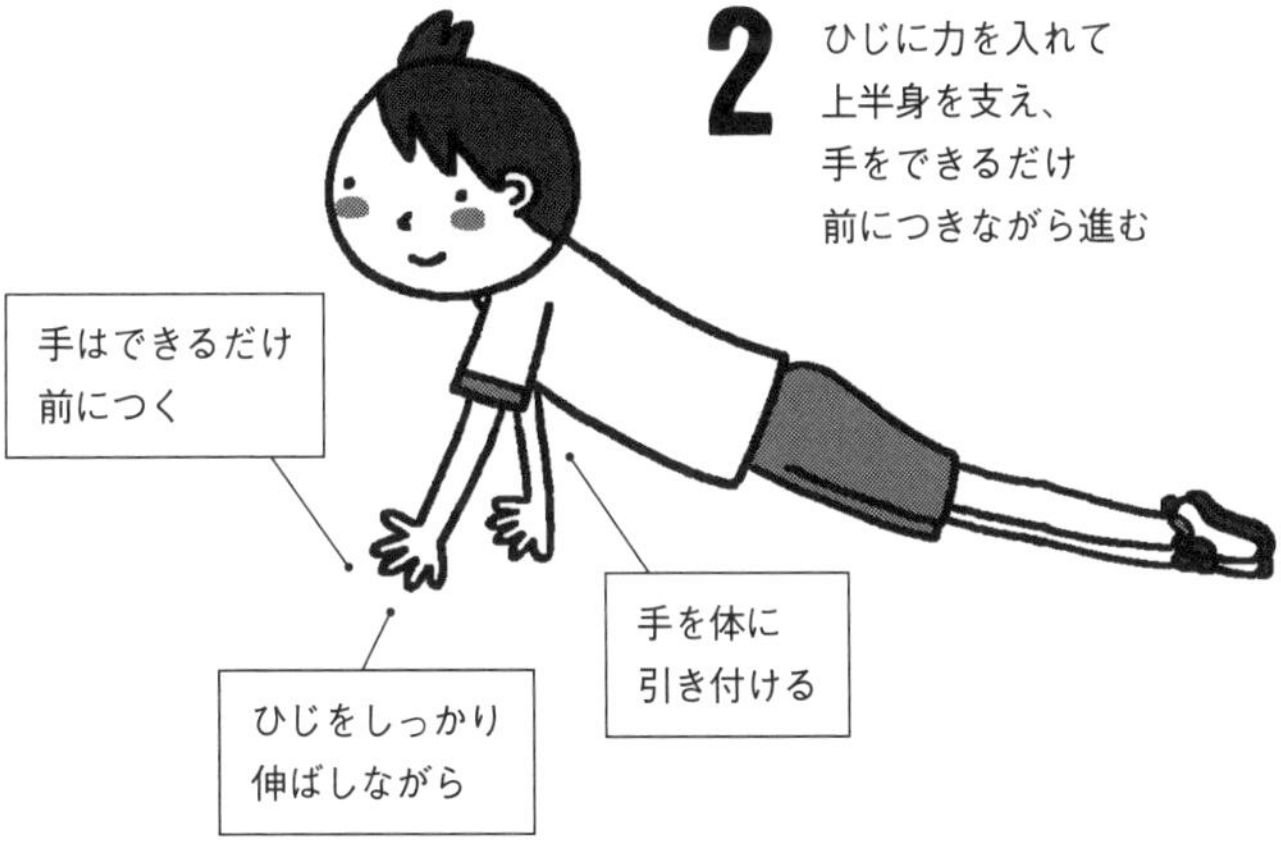
手はできるだけ
前につく
手を体に
引き付ける
ひじをしっかり
伸ばしながら

3 交互に手を
前に出しながら
前進する

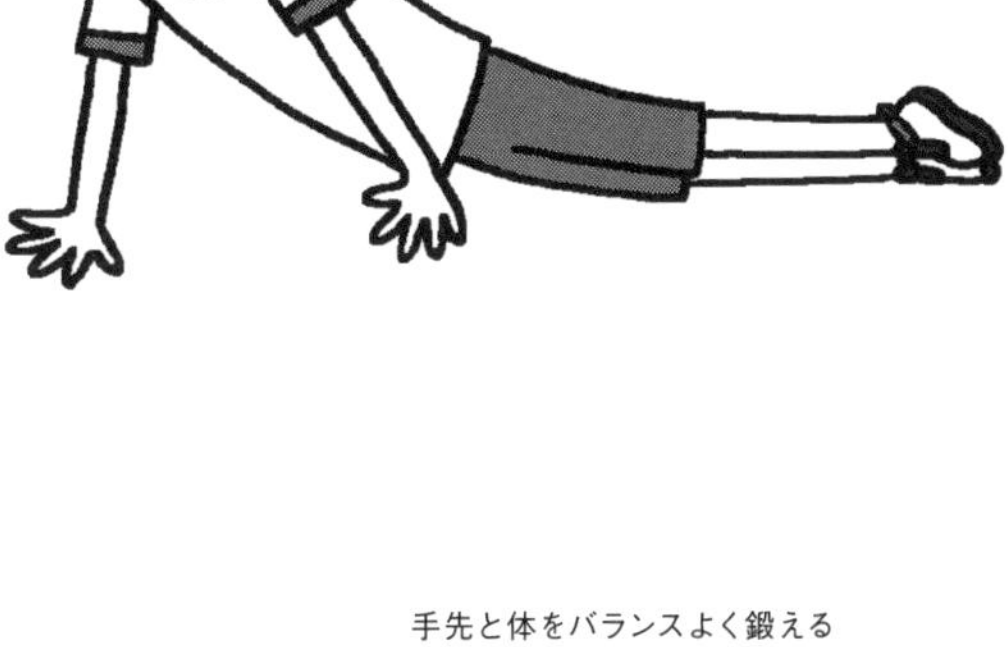

クモ歩きができますか？

チェックポイント

後ろ向きで手足を動かしながら、クモのように進む運動です。しっかりひじを伸ばし、お尻が下がらないよう支えながら行いましょう。できるだけまっすぐ後進できるようがんばりましょう。

1 あおむけから
両手と両足で体を
持ち上げるように支える。
合図でスタートする

2 左右の手足を交互に出しながら後ろの方向に進む

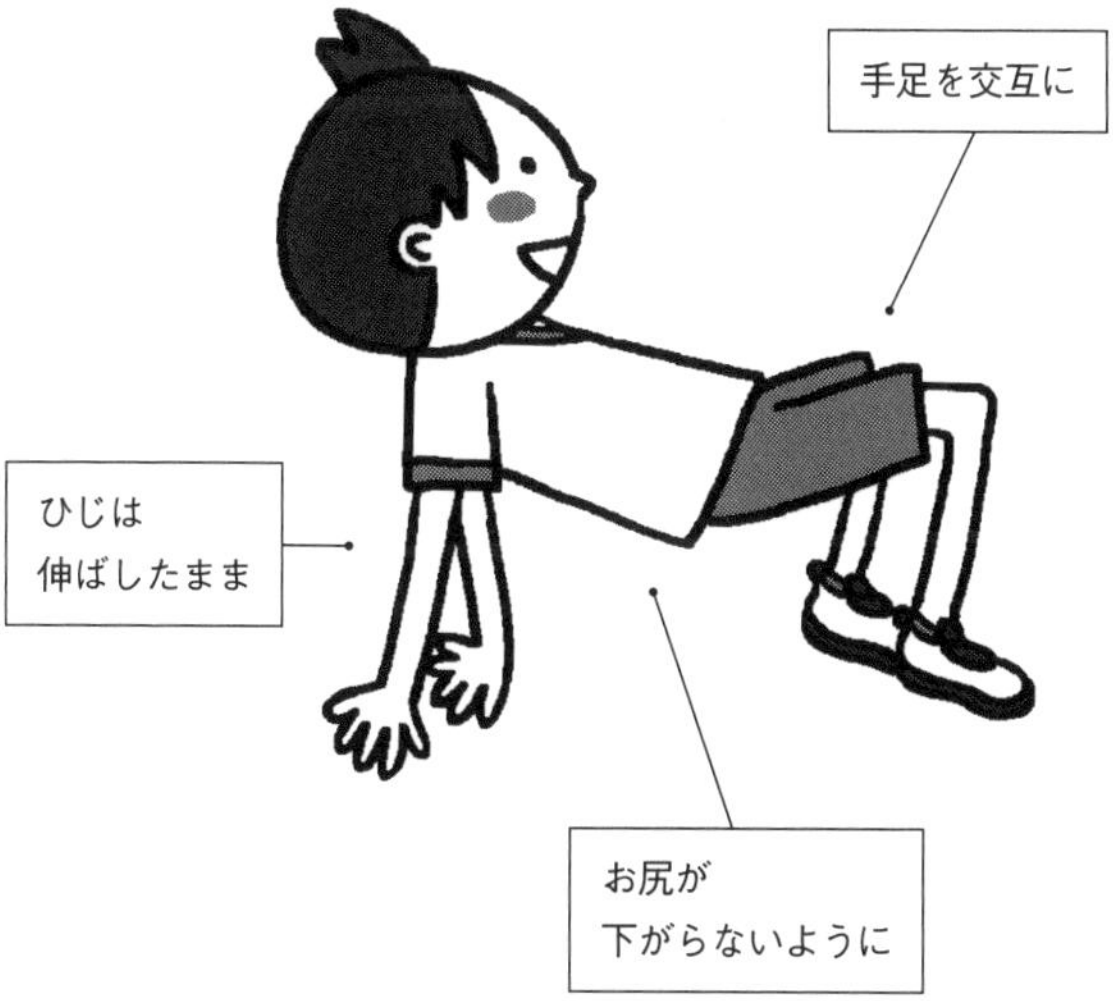
手足を交互に
ひじは伸ばしたまま
お尻が下がらないように

ボールつきができますか？

チェックポイント

ボールを連続してつく運動です。
上半身とひざの柔軟性を使いながらボールをコントロールするのがポイント。
集中してくると50回、100回と続けてつけるようになります。
慣れてきたらボールをつきながら移動する練習をするといいでしょう。
ドッジボール用のボールを使用します。

1

体をまっすぐにして立ち、
腕全体で下に
押すようなイメージで
ボールをつく

2 できるだけ回数を多くつけるよう練習する

ボールが
元の高さまで
戻るように
たたくのではなく
押すように
両ひざを軽く
曲げながら

手たたきキャッチができますか？

チェックポイント

ボールを頭上に投げたあと、手をたたいてキャッチする運動です。ボールを頭上に投げ上げたら、すばやく手をたたき、キャッチします。一連の動作をスムーズに機敏に行えるよう練習しましょう。慣れてきたら手をたたく回数をふやしていくといいでしょう。

1

両手でボールを
頭上に投げ上げる

2 ボールを
キャッチする前に
パチパチと手をたたく

3

ボールをキャッチする
※慣れてきたら
手をたたく回数をふやす

立ち幅とびができますか？

チェックポイント

両手を大きく振り、その場から大きく前方にジャンプする運動です。

両手を大きく振って勢いをつけ、ひざを曲げて足首のスナップをきかせて大きく飛び出しましょう。

両足をそろえて着地します。

公園の砂場やマットなどを使って練習してください。

1 砂場などのはしに立ち、腕を大きく振り上げる
2 腕を振り下ろしながら、ひざを曲げて踏み込む
3 勢いよく踏み切る
4 大きくジャンプする
5 両ひざを引き上げてできるだけ前に伸ばす
6 両足で着地する

Lesson

5

自分の頭で考える子の育て方

対談

乙武洋匡×飯田道郎

乙武洋匡（おとたけ・ひろただ）

1976年、東京都生まれ。580万部のベストセラー『五体不満足』（講談社）著者。大学卒業後、スポーツライター、杉並区立杉並第四小学校教諭等を経て2013年、東京都教育委員に就任。2014年、ボランティア団体「グリーンバード新宿」を立ち上げ、地域の活性化に取り組むほか、保育園運営に携わるなど精力的に活躍の幅を拡大中。『オトことば。』（文藝春秋）、『自分を愛する力』（講談社現代新書）、『社会不満足』（中央法規）など著書多数。7歳と4歳の男児の父。

不透明な時代を生き抜く底力を育てる

男の子のありのままを受け入れよう

飯田　乙武さんは、2人の男の子のお父さんでいらっしゃいますよね？

乙武　はい、長男が7歳、次男が4歳。キャラの違いはありますが、まあ2人とも、人の話はほとんど聞いていないし、じっとしていられないし。決して広くない家の中を走り回り、いろいろやらかしてくれます（笑）。でも、男の子なんて基本的にそんなものじゃないかと思うので。

飯田　そんなものですよ。奥様はいかがですか？

乙武　2人姉妹で育った妻にしてみれば、どうしてそういうことをするの？　何度いってもなぜわからないの？　と、とまどったり、いらだったりすることも多いようですね。男の子は理解できない、と。そんなときは私が鎮める役に回ります。もし、女の子だったらどんな感じだったのかな。

飯田　一般的には、女の子のほうが人の気持ちに敏感なので、こうすればお母さんが喜ぶ、これをやると叱られるということをあらかじめ察知して動けます。ところが、男の子にはそういう発想がまるでありません。女の子は空気を読む。男の子は空気を読ませる（笑）。

乙武　そうみたいですね（笑）。

飯田　おそらく女の子は、お母さんを自分の将来像として憧れている部分があるのかもしれません。一方、男の子にとってお母さんは、甘えたい、頼るべき存在なんですね。心のよりどころのような感覚なのかな。

乙武　生命維持装置――。

飯田　はい。だから男の子はお母さんの前ではことさら幼くなる。こういう仕事をしていますと、よくお母様方から「うちの子、このままで大丈夫でしょうか」と相談を受けます。受験合格を目指しているので、「入試の日までに」という明確な期限があるから、しっかりした女の子と比較してよけいあせってしまう。

乙武　「期限があるからあせる」というお話にはまったく同感です。うちの子も食事中にどうしても立ち歩いてしまう時期があり、妻がただただ注意しまくって、それで食卓が荒れるといった状況に一時陥りました（笑）。そのときに「食事中立ち歩く大人はまずいない。私が担任していた（注：乙武さんは、07年より3年間東京都杉並区で小学校教諭をしていた）3〜4年生のクラスにも、給食の時間に立ち歩く子は1人もいなかったし、1〜2年生だっていても数人だろう。まだ幼稚園児なんだから、そんなに目くじら立てることないんじゃないか」と妻にいったんです。家ではそうでも、幼稚園では座って食べているという話だったので、家の中では多少大目に見ても大丈夫じゃないかなあ、と。

飯田　そういう大らかなお父さんだと、お母さんも子どもも救われます。小学校受験という観点からいいますと、学校側も男の子には完成形を求めてはいません。男の子は女の子を目指さなくていい。男の子のままで、子育ての一環として受験を突破していくことはじゅうぶん可能です。ただ、あせってしまうというお母さんの気持ちもよくわかるわけで、そのあたりは、実はお父さんに受け止めていただきたいのです。お母さんが子どもを叱っている横で、お父さんがお母さんを否定してしまうケースがよくあるんですが、これがお母さんを追い詰める。たとえお父さんのいっていることが正論であっても、そこで口にしてしまうと……。

夫婦で考えをすり合わせて子育て観を共有する

乙武　わが家でもその点には気をつけています。私は仕事で不在のことが多く、子どもと一緒にいる時間は圧倒的に母親のほうが長い。けれども、彼女が子どもたちに対してとる対応は、夫婦2人の考えに基づくもので、そばにいることの多い彼女が実行している、というイメージです。

飯田　ご夫婦の連携がよくとれていらっしゃる。

乙武　わが家では、私が帰宅すると、妻がその日にどんなことがあり、どんな対応をしたかを話してくれて、「どう思う?」と聞いてくれるんです。だから、「よかったんじゃない?」とか、「こういう言葉がけのほうがいいかもしれないね」

などとすり合わせを行う。これが日課になっています。

飯田　小学校就学前のご家庭のお父さんは、多くの場合、人生で最も仕事に追われる時期におられます。だから、気にはしつつも、しつけも勉強も学校行事も奥様にまかせきりにしてしまいがちなんです。うちの息子は現在小学6年生ですが、かくいう私も、息子が幼いころは、「だって忙しいんだからしょうがないだろう」という言葉を妻にくり返し吐いていました。

乙武　そうなんですか（笑）。

飯田　ええ、それで、最近になって学校活動に深く関わるようになったら、いろいろなことが見えてきたし、息子との関係も少し変わってきました。学校行事のお手伝いをボランティアでPTAが担うのですが、息子はオヤジが学校に顔を出すことに対して、まんざらでもないようなんです。それから、自分が動いてみて父親が関わることの大切さが実感できました。

乙武　よくわかる気がします。

やる気の源泉は自己肯定感

飯田　ところで本日、乙武さんにぜひとも伺いたいと思っているのが「自己肯定感」を育む方法についてです。本書の核というか命題になっているのは、「男の子のやる気をどうやって引き出すか」なのですが、困難に立ち向かったり、失敗してもへこたれずにくり返し挑戦したりすることの前提にあるのが、自己肯定感ですよね。「力強く前向きに人生を歩んでもらいたい」とは多くの親御さんが望むこと。そのために親がまずできることは、わが子の存在を丸ごと認めてやることに尽きるのではないか。ご著書によると、乙武さんのご両親はまさにそんな子育てをされています。

乙武　ええ、私は手足のない状態で生まれてきましたが、両親は愛情いっぱいに育ててくれました。だから、自分にはできないことがたくさんあるけれども、それが自分だし、これでいいんだ、と思えた。振り返れば、幼いころからの積み重ねによって、私の中に自己肯定感が育まれていったのだと思います。

飯田　どんなときにそれを感じられたのでしょう？

乙武　常に、四六時中といってもいいかもしれません。父は、言葉で、そして態度で、「大好きだよ」「愛してるぜ」という思いを存分に伝えてくれる人でした。『五体不満足』という本を多くの方に読んでいただけたおかげで、母の子育てに注目してくださる方が多いのですが、自己肯定感を育むという意味では、父親の役割がより大きかったと思います。父のような父になろう——長男が生まれたとき、私はこう心に決めました。だから、ことあるごとに、この短い腕で息子たちをハグし、頬ずりをし、愛の言葉を伝えていますよ。

飯田　なるほど。すばらしいですね。教室に来る子どもたちを見ていてもお母さんだけでなくお父さんにも見守られている子は、『やる気スイッチ』が入りやすいように思います。物理的に一緒にいる時間が短くても、子どもは敏感に親の思いを感じるものですし、お父さんがお母さんをしっかりバックアップされていれば、お母さんを通してお父さんの存在を子どもは感じます。

乙武　『やる気スイッチ』。まずは、どこについているかを探すところからですね（笑）。

『やる気スイッチ』のない子はいない

飯田　ええ、できるのはせいぜい、自分でスイッチを入れやすい環境を作ること、自分から入れたくなるようなきっかけを与えること。でもね、乙武さん。私はこの仕事をはじめて30年になりますが、スイッチを持っていない子に会ったことは、ほとんどといっていいほどないんですよ。

乙武　本来、やる気に満ちているのが子どもだと。

飯田　ところが、せっかく子どもがスイッチを入れようとしているのに、ストップをかけたり、「こっちにしたら」とお母さん好みの方向へ誘導したり。何度かこれをくり返していると、スイッチがあっても作動させようとしない子になってしまう。

乙武　旺盛な好奇心の芽を摘んでしまうんですね。

飯田　そうなんです。小学校受験の準備も、その子の興味を探りながら、上手にほめたり、励ましたりして、意欲を引き出せば、受験勉強を通してスイッチの入りやすい子に育てることも可能です。ところが、一つ間違えると、やりたくもないものをあてがわれ、大好きなお母さんに厳しく叱られながらイヤイヤやるということになる。これでは、やる気を出すどころではありません。

乙武　難しいのは、わが子のスイッチがどんな刺激に反応して、どこで入るのかが、親はもちろん本人もわかっていないことではないでしょうか。親としては、たくさんの選択肢に触れられるようにすることがいいのかなと考え、息子たちには習い事をいくつかさせています。ずっと続けてほしいと思っているわけではなく、本人が続けたいならやればいいし、そうでなければやらなくてもいいし、というスタンス。練習をサボっても「練習しなさい」とはいわず、「練習しないなら、この習い事をやめよう。続けたいならちゃんと練習をしよう。選ぶのは君だよ」と、下の子にもいっています。4歳なりに理解して、「やめたくない」と自分でいったものについては、一生懸命取り組んでいます。

飯田　幼児期に必要なことはまさにそれでしょう。習い事も含めて体験の幅を広げておくことが、後々その子が伸びていく素地になると考えています。経験してみてはじめて、幼児は自分の中の興味に気づくのですから、豊かな「場」を与えることは、その子の可能性を広げること。しかも好きなことなら、失敗しても何度も取り組むので、必ず上達する。がんばったら伸びた。結果を出せた。先ほどお話に出た「自己肯定感」にもつながりますが、こんな体験がその後の人生を回していく原動力になるのではないでしょうか。

ケンケンができなくて、地球が守れるのか?

乙武　興味を持たせることの大切さは、小学3年生を担任していたときに身にしみて感じました。勉強が苦手で、どの科目も100点中30点くらいしかとれない子がいたのですが、彼は好きなアニメのキャラクターなら、100種類以上の特徴と名前をすらすらいうことができました。決して記憶する能力が欠如しているのではなく、学習内容に興味が持てなかった。というより、彼に興味を持たせることが、周りの大人にはできなかった。このことは、自分への強烈な戒めになりました。

飯田　男の子は、興味のあることには猛然と取り組むもの。そのエネルギーは絶大です。一方、興味がなければさっぱり。女の子よりその落差が激しいんです。だから幼児教室で男の子を受け持つなら、戦隊ヒーローや仮面ライダーについては、最新の話題を仕入れておく必要があります。「大きくなったら何になりたい？」と教室に来ている男の子に聞くと、多くの子が戦隊ヒーローの名前を答えます。運動の課題をまじめにやらない子には、「そうか、地球を守りたいんだね」「うん」「じゃあ、ケンケンやってみて」という会話をし、「えっ？　できない？　ケンケンができないようなひ弱な男が、地球を守れるのか？」と返す。こんなひと言に子どもは燃えます。

子どもの性格に合わせた魔法のルール

乙武　意欲を引き出すのですね。その意味では、私の母は決して勉強好きではなかった私の性格を、実にうまく利用したルールを設定して、私を机に向かわせることに成功しました。

飯田　ほぉ、それはどんな？

乙武　一日における勉強と読書の合計時間が、テレビとゲームの合計時間と同じでなくてはいけない、というルールです。テレビとゲームに90分費やしたら、90分は勉強か読書をしないとダメ。「貯金」や「借金」をしてもよかったので、今日1時間よけいに読書しておけば、明日はたっぷりゲームで遊べるぞ、と、ゲーム感覚でしたね。それが私にはぴったりだった。

飯田　それでいくと、うちのオヤジもうまく息子の興味を引き出しました。小学校高学年になって、小遣い制度を導入する際、「本なら小遣いとは別に好きなだけ買っていい。ただし、オレが認めた本に限る」というルールをいい渡されました。どんな本が父のお眼鏡にかなうのかを試行錯誤しながら、次々といろいろな本を欲しがり、手に入れては読みふけりました。しゃれのわかる人で、まじめな本ばかりでなく、憧れていた長嶋茂雄さんの関連本でも、軽めの雑学クイズ本でも、相当背伸びをした大人向けの本でも、ほとんどが「よし」。興味のおもむくままに手当たり次第にという感じでした。

乙武　それは、すごく素敵な方針だなあ。

飯田　私の実家は福井なんですが、高校生のときに「どうしても欲しい本があるんだけど、福井の本屋では扱ってないから金沢まで買いに行きたい」と頼んだら、「行ってこい」と旅費まで出してくれた。これで味をしめましてね、福井の店では手に入らない、評判になった外国の小説の原書だとか、こんなの高校生が読むのかというようなハードカバーの専門書なんかを探し出しては、「どうしても欲しい」と頼み込み、金沢の大型書店にずいぶん通いました。当然、その全部を読んだわけではありませんが、そのあたりもオヤジはお見通しだったんでしょうね。おかげで国語の成績だけはすごくよかったけれど、それだけじゃなく、このころの読書が今の私という人間を形作る土台となったとも思うんですよ。明らかにオヤジにうまくはめられたわけですが、とても感謝しています。

乙武　私も飯田先生も、どこのスイッチを押せば意欲が引き出されるのか、親にしっかり把握してもらっていたんですね。

他者との差異に傷つく体験も必要

飯田　大人になって振り返れば親心そのものですよね。ところで乙武さんは、子育てにあたって父親として何を大切にしていますか？

乙武　自分の頭で考えるクセをつけさせることです。たとえば、味噌汁を食卓に出しますよね。3～4歳の男の子というものは、たいてい片手で飲もうとして、大概こぼします。うちがまさにそうなのですが、その日はこらえて、妻がそれを拭く。翌日味噌汁を出す、また片手で飲み、案の定こぼす。拭く。3日目。味噌汁を前にさすがに4歳児なりに考えます。どうしたらこぼさないんだろう。あ、こっちの手が空いているから添えてみよう。そうか、両手なら安定するんだ、と気づく。この経験はほかに生きてくると信じています。親としては、「危ないから両手で飲みなさい」と先回りして、一度もこぼさないほうがずっとラクです。でも、答えを先に教えたら、自分で考えることはできませんよね。

飯田　同感です。とくに最近の親御さんは、事が起こる前に予防線を張って子どもを守ることに終始しがちです。結果、自ら考える機会を奪っている気がします。

乙武　学校教育でも同じことを感じました。バレンタインデーの前日に、「絶対にチョコレートを持ってこないように、クラスの児童に厳しく指導してください」といわれまして、思わず「どうしてですか？」と聞いてしまいました。そりゃ、お菓子ですから本来持ってくるべきではありません。でも私が子どものころは、まあ、この日だけはね、という大らかな風潮がありました。

飯田　持ってきてはいけないのは、規則だからですか？

乙武　いえ、もらえない子が傷つくから、と。私の持論ですが、大人が悪意をもって子どもを傷つけることは絶対にしてはならないけれど、子どもが生活の中で他者との差異に気づき自然に傷つく体験まで奪ってはいけないと思うんです。小学校時代の男子なんて、顔のいい子とサッカーのうまい子だけがモテて、あとはみんなモテないもの。バレンタインデーはその判定の日です。モテない自分に気づくことで、「サッカーはヘタだけど、算数は得意だから女の子に教えてあげられるぞ」とか、「おもしろいことをいって笑いをとることならできるぞ」とか、自分の売り、セールスポイントについて必死になって考えると思うんです。これって、生きていくうえでとても大切な体験じゃないですか。それを、みんな同じなんだよ、なんて大嘘でしょう。

飯田　男子にモテは重要ですよね（笑）。

乙武　そうですよ。社会人になって仕事をがんばるのだって、「女の子にモテたい」ということが大きなモチベーションになる。それに、二十歳過ぎて「オレってモテないんだ」と気づいても、正直手遅れじゃないですか。**乙武**　人との差異に気づき、ここは自分に足りないところだな、でもこの点なら負けないぞ。そんなふうに自分の形というものを学ぶ。そうして凸を伸ばしたり、凹を埋めたりする努力をしていくうちに、次第に自分の形が完成されていく。それが本当の教育ではないでしょうか。

多様な価値観に触れさせてみる

飯田　おっしゃるとおりです。うちの創業者の大堀が、著書の中で「何が苦手なのかを認識させないと進化がない」と書いているんです。これは、保護者の過干渉や過保護によって、子どもが自分で考える機会を失いつつあると指摘したかったのかもしれない。乙武さんのお話を伺っていて、いま、気づきました。

乙武 考えさせるために、子どもには意地悪な質問を連発しています。「学校には遅刻してもいいの？」「ダメ！」、「困っている人を見たらどうする？」「助けてあげる！」、「じゃあ、学校に行く途中困っている人を見かけたら君はどうするの？ 助けていたら学校に遅刻しちゃう、さあどうする？」「うーん……」。子どもから出てくる答えは、ある程度どんな答えでもかまわないんです。相反する価値観Aと価値観Bの間で揺れ動き、子どもなりに思考力を働かせて自分なりに答えを出す。こうしたクセをつけることこそが大切だと思っています。

飯田 投げかける質問自体が、いい刺激になりますね。以前なら父親は仕事をしている背中だけを子どもに見せていればよかったけれど、核家族化が進み、路地裏遊びのできる環境を失った現代は、そうもいっていられないのかもしれません。ご近所さんもおじいちゃんも、一緒に遊んでくれる年上のお兄さんも周りにいない中、お父さんが背中を向けてしまったら、お母さんの価値観が子どもにとってのすべてになってしまう。それではお母さんの負担が重すぎるし、子どもにとっても決していいことではないと思うんです。乙武さんの関わり方はすばらしいと思いました。

乙武　「9歳までの育て方」がテーマですが、息子はまだ7歳になったばかりなので、正直私たち夫婦も手探りです。いまは将来自立して生きていくためのベースを作る時期だし、もちろんあとあと伸びてほしいけれども、私たちがやってきたことがそれにつながるのかどうか、自分でもまだよくわかりません。ただ、こんなふうに親が子どもに密度濃く関われる期間は意外に短いので、その時間を大切にしたいとは思います。わが家でいちおう設定している子育てのリミットは義務教育卒業を迎える15歳。それまでに自分で考え行動できるようにしておき、あとは独立するも親元にとどまるも子どもにまかせるつもりです。

飯田　なるほど、そういうお考えだから、親子がいい距離感でいられるのでしょうね。今日はありがとうございました。

Lesson 6

次代の担い手を育てる

～伸芽会の教室から

多様な学びで子どもは育つ

失われつつある子どもの「生きる力」

子どもたちを取り巻く環境は近年、激変しました。

第一に、少子化が進み、家族構成が小ユニットになり、子どもがさまざまな年齢層の人とふだんから関わる機会が大幅に減りました。

次に、日常のいろいろな場面で種々のテクノロジーが普及し、不便さを感じずに生活する環境が当然のものとなっています。

また、頭脳だけを刺激するデジタルゲームが子どもの心をとらえ、感性や体力を育てる機会も激減しています。

さらに、自然環境が失われつつあり、季節感も希薄になり、生物として当然持つべき自然の変化への感覚が鈍くなってきていることは否めません。

こうした状況により、現代の子どもたちが失いかけている能力は多岐にわたります。すなわち、**人との交わりが少なくなったためにコミュニケーション能力が育ちにくくなり、至便な日々からは健全な自立心や生活力、また年齢相応の運動能力や体力が育まれにくくなります。**表現力や想像力といった情緒面でも、感性がひらかれにくいという点が見受けられます。

そして、ここしばらく社会問題となっている「小1プロブレム」は、このような幼児期から学童期に急激に移行させられた子どもに起こる現象だと思われます。教室でじっと先生の話を聞けない。立ち上がったり、机に乗ったりする。子ども同士で騒いだりつかみ合ったりする――。これではスムーズな学級運営ができません。こうしたことは、幼少期に適切な対応をせずに小学校に入ってしまった結果ではないかと私たちは感じています。

体験することがすべての基本

伸芽会の教育は、現代社会では育ちにくい集団行動の楽しさや、年齢相応の自立性を育てるための体験を提供する取り組みです。いわば、幼児が小学校の環境になじむ準備段階のようなことでもあるわけです。

私たちのノウハウは、受験に対応している部分もありますが、それを支えているメソッドは、**幼児を将来の社会の担い手に育てるという、大きな夢に根ざしています。**

また、学校のほうも、ただ試験をうまくこなす子を求めてはいません。**子どもとして、人間として、将来の伸びしろを感じるようなおもしろい子ども、興味深い子どもを求めているの**です。

子どものあるべき姿を求めて私たちが推進していることが、結局は学校が求めている子ども像とも一致しているのです。

激変する環境下で新しい世代が確固たるパーソナリティを持ち、健やかに育成されるためには何が必要なのか。そうした視点で培ってきた教育活動の要点を簡単にご紹介しましょう。

①積極的な創作活動を通じて個性を育て、工夫する力や表現する力を獲得させる。
②絵本の読み聞かせ等をベースに指導を展開し、想像力や豊かな感性を育てる。
③野外スクールや課外授業、季節ごとの合宿で自主性を育てる。
④自由遊びと課題遊びをバランスよく取り入れ、一人遊びから集団遊びへのスムーズな移行を図る。行動観察を通じてコミュニケーション力の伸長を目指す。
⑤競争を取り入れた運動を実践し、体力・気力の向上を図る。

自分で努力することと同時に人と協力し、調和していくことの喜びを知っている子どもは、さまざまな能力を伸ばしていくものです。

いろいろな体験を通じて学びと気づきを与える教育を進めています。

行動を観察すれば人間力がわかる

チームプレーができるかどうか

小学校入試において、近年ますます重視されているのが行動観察です。行動観察とは、お友だち同士のコミュニケーションを通じて、子どもの知能や運動能力だけでなく、生活習慣や物事への取り組み方、心の豊かさや判断力など、潜在的な力を調べるテストです。

というのは、現代社会は多様化が進み、どんな問題も一つの学問だけでは解決できない時代になってきています。複雑な世界で活躍できる次代のリーダーとなり得る人材を育てるには、周囲の人と協力し合って事に当たれる子どもが求められているのです。

行動観察では、出された課題の意図を理解したうえで、みんなで話し合って作戦を立てなくてはなりません。**自分のしたいことを勝手にするのではなく、周りと協働していくことが大切なのです。**

一つの目的を持った活動ができるようになるためには、上手に自分の考えを伝えたり、お友だちのすることを理解したりということが欠かせません。

たとえば、ほかのお友だちのアイデアがいいと思ったら、すぐに「いいね！」と賛同しつつ、「こうしたらどうかな？」と声をかけながら自分のアイデアを提案するなど、全体を把握して着地点を予想し、的確に動けるかどうかが重視されます。

こうしたことは幼児にとって大変難しいことですが、いつも自分中心の生活を送るのではなく、**ふだんの生活の中で人と共感することの楽しさ、約束を守ることの大切さに気づかせることで、無理なく育てていくことができます。**

日常の中でコミュニケーション能力を鍛える

行動観察で問われるのは、自分以外の人といかに適切なやりとりをし、全体をまとめていけるかという協調性やコミュニケーション能力です。

家庭でのあいさつをしっかり実行するとともに、近所で知っている人に会ったら、自分から「こんにちは」と声をかけられるようにしておきましょう。

お手伝いも、**一つの作業だけでなく、そのあとの展開や全体のことがわかるように頼むといいでしょう。**

これまでは、「おはしを並べてね」「お皿を持っていってね」と別々に頼んでいたことを、まとめさせるのもよいトレーニングになります。たとえば、すき焼きがメニューなら、何と何を揃えればよいか、全体のことを考えてテーブルセッティングできるよう促すのです。

また、公園で遊ぶときも、さまざまなタイプの子どもとの関わりの中でいろいろなことが学べます。トラブルが起こることも事前に想定しながら、まずは子どもに自分の発想で自由に遊ばせてみましょう。

「すべり台の順番でいさかいが起こったらどう声をかけ合うか」「遊具の基本的なルールが守れるか」など、楽しく遊べるにはどうしたらいいかを考えさせるきっかけ作りにもなるでしょう。

危ないことをしようとしたら、そのときに言葉をかけたり、制止したりして未然に防いでください。

親子で外出したときは、「あんなことしちゃだめよ」「あの人迷惑ね」といった否定的な言葉ばかり口に出すのではなく、「あの子の姿勢、すばらしいわね」「あの子、元気で明るいわね」など、肯定的な言葉がけをするようにしましょう。**「自分もマネしたいな」と思わせるように、よいものにたくさん気づかせてあげるのです。**

そうすることで、子どもも人のアイデアやふるまいがいいと思ったら、素直に賛同できるようになっていきます。

体験の場を増やすことでできるようになる

伸芽会の教室では、「自由遊び」と「課題遊び」をバランスよく取り入れ、次のような行動観察の授業を行っています。

・自由遊び

マットの上に紙、おはじき、多種類のひもなど、いろいろな用具を出しておきます。そこにグループで座り、みんなが一緒に遊べるにはどうしたらいいか、アイデアを出し合います。

特定の遊び方が決まっていない素材を通して創造力を引き出し、おもしろく遊ぶためのルールを決めていきます。柔軟な発想ができるような言葉がけをし、指導しています。

・課題遊び

グループごとに大きさの異なる積み木をいくつか置いておき、「これからリレー形式で一人2つずつ積み木を持って運んでください。1つは机の上に置き、もう1つは机の下の箱に入れて戻ってきてください。最後に机の上にあるものだけを積んで、どこのチームが一番高くなるかを競争します」と伝えます。

すると、ただ高くすればいいと思って大きい積み木を2つ持っていく子もいますが、それだと大きい積み木がすぐになくなってしまい、机に残ったものだけでは高く積むことができません。

全体を見て、ねらいがわかった子は、大小2つの積み木を持っていき、大は上に、小は下に入れてくればいいということを発見します。そこで、みんなで相談するときにそのように提案します。全員がそうしなければ、グループの勝利にはつながりません。

こうした入試本番に近い場を与えて練習をくり返すうち、できなかった子ができる子を見て「なるほど、そういうふうに考えればいいのか」と学んでいくようになります。**緊張しないでふだんどおりの力が出せるよう導くことで、その場その場で臨機応変に修正したりする余裕も生まれてくるのです。**

〈できるかな?〉

行動観察❶ 動物集め(早稲田実業学校初等部)

課題

5人一組になって行います。さまざまな種類の動物のぬいぐるみが床にバラバラに置いてあります。ぬいぐるみの絵が壁に貼ってあるので、それと同じ7つのぬいぐるみを集めます。フープ(回して遊ぶ輪)の内側に四角い布をガムテープでとめてピンと張った上に、ぬいぐるみをのせていきます。ぬいぐるみを集めている最中は、全員がフープを片手でつかみ、手をフープから離してはいけません。「やめ」の合図でやめてください。

観察のポイント

①勝手に動こうとするとフープの引っ張り合いに。どうすればいい?

最初に取りにいくぬいぐるみの順番を決めてそのとおりに回ったり、適宜近くにあるものから集めるなど、じゅうぶん話し合いができているか。
②自分の考えを全員に伝えられるか。
近くにいる子だけでなく、全員に伝えなければ相談したことにはならない。
③意思統一を図るリーダー格の存在がいるか。
全員の意見を聞き、どうすればいいかを提案して賛同を得るリーダー的存在がいるか。中心になる子に協力できるか。

合否の実例

これはOK!

主張ができて聞く耳を持って話し合いができた子は合格。別の子の意見を聞いて賛同し、自分の意見を引っ込めて協力した子も合格。

これはNG!

あるチームは話し合いをせずにスタートしたため、フープの引っ張り合いになってしまった。全員が納得できる提案ができないままじゃんけんで決めようとしたが、一向にまとまる気配がない。

〈できるかな?〉

行動観察❷ 歌・模倣体操・ダンス(立教小学校)

課題

20〜30人ずつのグループで、試験者のピアノの伴奏に合わせて『アイアイ』を歌います。次に、『線路は続くよどこまでも』をピアノの伴奏に合わせて、1番は試験者のマネをして体を動かします。2番は自分の好きなように体を動かします。

観察のポイント

①ピアノに合わせて楽しく歌えるか。

最初の『アイアイ』ではそれぞれが大きな声を出して元気に歌っているかどうかをチェックされる。

②楽しく踊れるか。

男の子は電車が大好きなので、『線路は続くよどこまでも』は、スピーディでダイナミックな動きで大はしゃぎになる。そんな中で約束事を守ってしっかり踊れるか。

③独自性を出せるか。

はじめての場所ではじめての先生やお友だちに囲まれたら、不安になってついみんなと同じようにはしゃいでしまい、安心感を得たいと思うのが心理。そんな状況に左右されず、場を楽しみ、独自性のある動きを見せることができるか。

合否の実例

これはOK!

はしゃいでいるお友だちを見て、「みんな、並んで!」と声をかけたり、積極的に参加したりする姿勢を見せると◎。

これはNG!

何事も人まかせにしてほかの子のかげに隠れて声を出さないのに、周りがはしゃぎ出すと大騒ぎをする。主体性がなく、状況を判断できない。

体で覚えて自分のものにする

見てマネて思いを伝える

自己紹介をしようと思ったら、自分の考えをまとめなくてはなりません。小学校入試で「名前・年齢・幼稚園（保育園）の名前をいってください」という課題が出されると、子どもたちは自分でその3つをいうため、頭の中で整理して発言しようとします。

伸芽会では、年中から年長の夏前にかけて「発表の時間」という試みを行っています。これは、授業がはじまる前にみんなの前で子どもが発表すること。テーマは自由です。

たとえば、自分で作った粘土細工の人形やペーパークラフトのお花、手品を披露する子もいます。休日に家族でこんなことをして過ごした、授業が終わったあと家族とどこどこで食事をするつもり、という楽しい出来事や予定を発表する子など、さまざまです。また、ちょっとしたテーマを与えておいて次回に発表させることもあります。

こうした練習をしながら子どもの様子を見ていて、いいたいことがあるのにうまくまとめられず困っていたら、必要なところで声をかけます。

「何ていえばいいか、考えているところだね」「こんなふうにいってみたらどうかな」と導いてあげるのです。

はじめのうちは、希望者だけに発表させる方法でスタートしますが、だんだん人数がふえていきます。**先生の助けを借りながら、お友だちのやり方を見ながら、少しずつ考えをまとめる方法を身につけていくのです。**

大きな声でしっかりと

考えをまとめられるようになったら、それをはっきりと人に伝える練習をしていきます。小学校入試では、個別にまたは集団で、試験者から口頭でいろいろな質問がなされます。このとき重視されるのは、答える内容以前に、質問に対する答え方です。

質問に対して答えるときは、語尾までしっかりと話すことを指導します。その際、「いまの返事よかったね」「さっきの言葉の使い方、とってもわかりやすかったよ」「声がこの前より大きくなったね」というように、ピンポイントでほめるようにします。

すると、子どもはほめられたところが具体的にわかるので、「これでいいんだな」と自信を深めていけるようになります。

お友だちとのやりとりの中で自分のいいたいことがはっきりいえるようになっ

た子には、「あなたはお話が上手だから、うまくいえないお友だちのお話を聞いてあげるお仕事をしてください」と役割を振ります。

自信がなく尻込みし、口ごもってなかなか言葉が出ない子には、「教室では間違ってもいいんだよ」「たくさん失敗した子がいちばんうまくなるんだよ」と根気よく伝えていきます。そして、「お友だちに聞かれたら何かいってみようよ」と促します。

くり返し練習するうち、**次第に慣れてきて、話せなかった子も自分のいいたいことがいえるように少しずつ変化が表れはじめます。**自分の考えが受け入れられる楽しさを感じられると、伝えたい気持ちがどんどん湧き上がってくるもの。ますます考えを伝える力が磨かれていくはずです。

小学校入試は、**「元気いっぱいであること」をきちんと表現する場ともいえるのです。**

2泊3日の合宿で子どもが変わる！

人生観を変える貴重な体験

伸芽会では、年長児を対象に、冬春夏の長期休暇に2泊3日の泊まりがけの合宿を実施しています。とくに、50年以上の歴史のあるサマー合宿は、子どもを大きく変える大イベント。サマー合宿を体験した子どもは、**精神的に一皮むけ、一回り大きくなって帰って来ます。**

自然の中で集団生活を送りながら、みんなで協力し、さまざまなことに取り組む活動がふんだんに盛り込まれています。

たとえば、「粘土で『みんなを応援してくれる生き物』を作ろう」「道具や材料をうまく使って、5メートルの巨大な動物を作ろう」、「ハイキングに出かけよう」、「ハイキングに持っていくお弁当を作ろう」、「課題の歌に合う踊りを自分たちで考えて発表しよう」「ドッジボール大会を楽しもう」などの活動を通じ、協調性やコミュニケーション能力、リーダーシップなどを身につけていきます。

集団生活の約束事を守りながら過ごす日々からの学びは大きく、はじめて親元から離れ、不安で涙を浮かべていた子も、こうした体験を通じて自信をつけ、意欲を持って物事に取り組む姿勢を持つ子へとたくましく変わっていくのです。

子どもにとって「一人でもなんとかやり遂げることができた」という達成感は、何事にも代え難い揺るぎない自信となるようです。合宿をきっかけに、その後の行動が意欲的になる子も少なくありません。

子どもにとっては人生観を変えるほどの大きな出来事かもしれません。

サマー合宿は、自分で考えて行動できる自主性や頭のやわらかさを育てる活動として、伸芽会が長年大切に続けているものの一つでもあります。

おわりに

社会に貢献する人を育てる

私は、30年もの長きにわたり、幼い男の子たちが小学校受験に挑戦する姿を見守ってきました。小学校受験で求められるのは、「元気よくあいさつする」「みんなと協力して目的を達成する」「難しい問題にぶつかってもあきらめないでチャレンジし続ける」「やると決めたことは最後までやり通す」という姿勢です。

こうしたことは、社会に出てからさまざまな局面で必要とされる基本的条件ではないでしょうか。

頭のやわらかい幼児期に、このような姿勢が大切だという価値観を授けられた子と、ずっと大きくなってから自分で気づいた子とでは、その差は歴然です。「鉄は熱いうちに打て」といいましたが、よい価値観やよい学び、よい習慣をできるだけ早く親が子に伝えることで、子どもの人生の成果は大いに花開きます。社会に貢献するリーダーとなり得る人材を育てることにつながるといっても過言ではありません。

小学校受験は子育ての一つ。合否に関わりなく、その後の人生を豊かにする大きなきっかけになると断言できます。

一貫教育で人生のアドバンテージを

多くの私立・国立小学校は、小学校の6年間と中学校の3年間の教育内容に一貫性を持たせる方針をとり、さらに高校までの12年間、大学までの16年間を視野に入れるなど、独自のカリキュラムを取り入れています。

一貫性が高いほど、学習内容や人間関係が共有できますから、学力がアップし、上級生と下級生間などでの思いやりや自尊感情が育つと考えられます。

また、苛烈な受験勉強にわずらわされることなく、学習やさまざまな活動に落ち着いて取り組める環境は、最大の魅力といえるでしょう。

早い時期から目標を明確に見据え、それに向かって努力できますから、人生のアドバンテージをつかむチャンスもふえるはずです。

生涯の友との出会いに恵まれるなど、一貫教育のメリットははかり知れません。

結果も含めて親が全責任を負う

ただし、小学校受験は中学校以上の受験とは大きく異なります。中学校以上は偏差値をもとに本命や安全校をドラスティックに決めるたて並び方式ですが、小学校受験はそうではありません。

独自の校風の中で過ごすのですから、志望校は子どもの性格や家庭の教育方針との相性を重視し、入念に情報収集して慎重に選ぶ必要があります。

そして、小学校受験をすると決めたら、結果も含めて親が全責任を負うと心に決めてください。

小さい子どもがやることですから、試験当日うまく結果が出せなかったり、ふだんと違う雰囲気にのまれ、実力をじゅうぶん発揮できなかったりすることは、当然あります。万全な準備をしても、うまく結果につながらないことは大人にだってあるはずです。そんなときは、決して子どもを傷つけてはいけません。結果には触れずにやさしく子どもをねぎらってあげましょう。

もしも子どもが結果を気にして聞いてきたら、「ごめんね。あなたの試験は合格だったんだけど、最後のじゃんけんでママが負けちゃったの」といえばいいのです。

小学校受験は、結果ではなくそのプロセスに大きな意義があります。小学校受験では結果が出せなかったけれど、学習習慣が身についたおかげで、中学受験では飛躍的に実力を伸ばし、難関校に合格したケースはめずらしくありません。

子どもが何をきっかけにして伸びていくかは個人差が大きく、教育のおもしろさはそこにあります。

子どもに受験をどう意識づけするかは、とても難しいものです。私は、受験に立ち向かう子どもたちにこんなふうな言葉がけをしています。入学試験の日が近づくと、「小学校の校長先生からみんなに招待状が届くよ。飯田先生は校長先生とお友だちだから、かっこいい姿を見せてきてね」と伝えます。

そして、「小学校はたくさんあるけれど、本当に通える学校は一つだけだよね。お父さんとお母さんが君に一番ぴったりの学校を選んでくれるからね」と続けます。「慶應もいいね。立教もいいね。筑波もいいね。公立の○○小学校もいいね。どこに行っても君なら大丈夫」と背中を押すのです。

小学校は子どもたちが夢を叶えるための一歩を踏み出す最初の場所。そのまたとない蜜月を親子で有意義に過ごされることを願いつつ、ペンをおきます。

著　者

飯田道郎（いいだ・みちお）

伸芽会教育研究所所長。

1960年福井県生まれ。早稲田大学政治経済学部在学中に伸芽会の創立者・大堀秀夫と出会い、入社。小学校受験指導に携わり、多数の合格実績を持つ。伸芽会教育研究所・入試対策部長、関西所長などをへて現職。男の子指導に定評があり、これまでに3000人以上の教え子を難関校へと導いた。子ども目線でとことん寄り添い、一人ひとりのやる気スイッチを引き出す人気教師。モットーは「遊びの中での気づきからはじめて、楽しく学ぶ体験を重ねれば、子どもは必ず伸びる」。

伸芽会（しんがかい）

1956年創立の幼児教育のパイオニア。独自の教育法で名門小学校へ毎年多数の合格者を送り出す。首都圏21教室、関西3教室を展開するほか、伸芽会の教育ノウハウを取り入れた英才教育型長時間託児・学童サービス・伸芽'Sクラブ10校舎を運営。子どもの自立心を育て、個性開花を促す教育活動に精力的に取り組む。

ブックデザイン／細山田光宣＋藤井保奈（細山田デザイン事務所）
カバーイラスト／ワタナベケンイチ
写真／岡田ナツ子
本文イラスト／しんざきゆき
校正／株式会社円水社
DTP／株式会社明昌堂
編集協力／平林理恵
編集／三宅礼子

将来の伸びしろが決まる！

9歳までの男の子の育て方

発行日　2015年4月5日　初版第1刷発行

著　者　　飯田道郎
発行者　　小穴康二
発行所　　株式会社世界文化社
〒102-8187 東京都千代田区九段北4-2-29
電話 03-3262-5118（編集部）
電話 03-3262-5115（販売部）

印刷・製本　　中央精版印刷株式会社

©Michio Iida, 2015. Printed in Japan
ISBN978-4-418-15403-6

無断転載・複写を禁じます。
定価はカバーに表示してあります。
落丁・乱丁のある場合はお取り替えいたします。